AUS DEM NEST VERTRIEBEN

Martina Wimschneider-Erhardt
mit ihrer Mutter
im Jahre 1958

MARTINA
WIMSCHNEIDER-ERHARDT

Aus dem Nest vertrieben

WILHELM HEYNE VERLAG
MÜNCHEN

Umschlaggestaltung: Norbert Härtl, München,
unter Verwendung einer Illustration der Autorin
Illustrationen: Martina Wimschneider-Erhardt
Satz: Anton Ruhland, Altötting
Druck und Bindung: RMO-Druck, München
Printed in Germany

ISBN 3-453-04352-9

AUS DEM NEST VERTRIEBEN

Erinnerungen aus meiner Kinderzeit

Andreas Wimschneider, mein Vater, war Witwer und hatte aus erster Ehe zwei Kinder, einen Sohn und eine Tochter. Er ging dann mit meiner Mutter, einer 38-jährigen, noch eine zweite Ehe ein. Daraus entsprossen noch drei Kinder, meine Brüder Fritz, Albert und ich.

Als Braumeister in einer Weißbierbrauerei in Oberammergau hatte er sein gutes Auskommen, so lange die Welt noch in Ordnung war.

Da kam der unheilvolle August 1914. Der erste Weltkrieg brach aus. Vaters ältester Sohn mußte an die Front. Im Dorf wurde jeder Soldat mit Musik zum Bahnhof begleitet. Es wurden viele Männer auf diese Weise verabschiedet. Die Gaststätten blieben leer und so kam es, daß der Braumeister die letzte Sud Bier braute. Auch Weizen durfte nicht mehr zum Bierbrauen verwendet werden. Die Brauerei wurde geschlossen.

Nun stand der Mann da mit seiner Familie, ohne Arbeit. Er pachtete noch eine kleine Sommerwirtschaft in St. Gregor, beim heutigen Alpenbad am Ende des Dorfes. Diese konnte die Mutter führen. Er fand Arbeit in Zirndorf. In der kleinen Wirtschaft fanden sich selten Gäste ein, einige alte Männer, und diesen schmeckte das Dünnbier, das gebraut werden durfte, auch nicht.

Es war Sommer 1915. Mutter ging mit mir den Weg der wilden Laine entlang, sie war im Dorf einkaufen gewesen. Sie hatte es eilig, weil ein Gewitter kam. Schon fast zu Haus, sah sie eine unheimliche Wolkenwand aus Unterammergau herankommen. Mutter lief um unser Leben, erreichte gerade noch das schützende Dach. Am Fuße der Laber entlud sich ein furchtbarer Wolkenbruch, der alles vermurte. Auch zwei

Männer hatten gerade noch Zuflucht gefunden. Dieser Wolkenbruch brachte für die Wirtschaft das endgültige Aus.

Durch einen Bekannten erfuhr Vater, daß in der Nähe von Landshut eine Braumeisterstelle frei war, weil der dortige Braumeister einrücken mußte. Vater bewarb sich und war froh, daß die Familie wieder beisammen sein konnte.

Im November 1915 zogen meine Eltern und ich dorthin. Mein Bruder Fritz war schon bei einer Schwester von Mutter, die eine kleine Landwirtschaft hatte. Für den Umzug bis Landshut gab Mutter ihre letzten zwei goldenen Zwanzigmarkstücke der Bahn. Von nun an war das Geld nur mehr aus Eisen und Papier. Das Dorf Deutenkofen, in dem wir nun leben sollten, liegt weitab von der geschäftigen Welt. Heute führt eine Teerstraße dorthin, auch ist es keine selbständige Gemeinde mehr. Ich möchte es aber schildern, wie ich es als Kind erlebt habe.

Meine erste Reise zu diesem zukünftigen Domizil, das etwa 12 km vom Bahnhof Landshut entfernt ist, durfte ich mit der gelben Postkutsche fahren. Man verläßt Landshut in Richtung Schönbrunn, dann fährt man lange durch einen Wald, vorbei an Dörfern, deren Namen alle mit „-kofen" enden. Bis Adlkofen ging die Fahrt, das letzte Stück Weg mußte noch zu Fuß zurückgelegt werden. Diese Straße bestand aus zwei sandigen Radspuren, in der Mitte eine Erhebung, die mit Gras überwachsen war. Da Deutenkofen zum Schulsprengel Adlkofen gehörte, war das später auch mein Schulweg. Man geht den Wald entlang, kommt dann in eine Senke und wieder leicht steigend zum Binderkreuz. Von da an führt der Weg zwischen zwei Bergschenkeln, die im Frühling mit Veilchen und Buschwindröschen übersät waren, in das Dorf Deutenkofen.

1915 bestand das Dorf aus dem Schloß, der dazugehörigen Kirche, wenn ich mich recht erinnere 1444 erbaut, weiter einer Schloßbrauerei, einer Gast- und Tafernwirtschaft und 20 Häusern. Der Bürgermeister wohnte gleich am Eingang des Dorfes. Es gab eine Metzgerei und den Dorfbader. Ein Schmied, ein Wagner, ein Schneider und die Näherin übten hier ihr Handwerk aus. Beim Krämer konnte man die nötigen Lebensmittel kaufen, das heißt, was es damals noch gab, es war ja Krieg. Im Weberhäusl wurde das Handwerk nicht mehr betrieben. Ein alter Geistlicher, der im Schloß wohnte, hat täglich in der kleinen Kirche die Messe gelesen. Zwei Höfe konnte man als Bauern betrachten, die außer dem Schloßgut auch Pferde im Stall hatten.

In jeder Familie gab es viele Kinder. Manche Frauen arbeiteten im Tagelohn beim Bräu, der das Schloß mit Landwirtschaft und Brauerei gepachtet hatte.
Ja, da waren wir nun. Dem Vater hat die heruntergekommene Brauerei überhaupt nicht gefallen, die Dienstwohnung im Brauhaus war dementsprechend, daß die Mutter erschrocken ist, als sie diese betrat. Mutter erzählte mir, daß ich gesagt habe, gell Mama, da bleibn mir net. Aber wir mußten bleiben, es gab keine andere Wahl. Ich war noch zu klein, um Erinnerungen aus dem Jahr 1915 zu haben, aber vom Sommer 1916 blieb noch einiges in meinem Gedächtnis. Ich vergaß mein früheres Zuhause und wuchs in die neue Umgebung hinein.

Da war der Rosengarten im Schloßhof. Die vielen Rosen, die waren an Pfähle gebunden mit leuchtend bunten Glaskugeln, diesen Glaskugeln galt mein besonderes Interesse, das sah fast wie ein Christbaum aus. An der Auffahrt zum Schloß war schön geschnittener Buchs. Aber das dauerte nicht lange, der Pächter, der erst einige Jahre da war, ließ alles einebnen zum Abstellen der landwirtschaftlichen Maschinen. Wie ich klein war, durfte ich auch in die Küche zur Köchin, die gab mir ein Butterbrot, wenn ich da abbiß, konnte ich die Spuren meiner Zähne sehen , soviel Butter war darauf gestrichen. Den Weiher hinter dem Stall entdeckte ich erst im Winter, als ich mit anderen Kindern zum Schlifizn auf das Eis durfte. Wir hatten keine Schlittschuhe, mit unseren Holzpantoffeln rutschten wir eben so gut es ging. Die Männer hatten zum Eisstockschießen auch ihre Bahn.

Der Spaß dauerte nicht lange, dann wurde eingeeist, das heißt, das Eis wurde zersägt, anschließend herausgefischt und auf schweren Schlitten zum Eiskeller gebracht. Über dem Keller war eine Lagerhalle für Fässer. Ein Loch am Boden der Halle wurde geöffnet und das Eis in den darunterliegenden Keller geworfen. Das Eis benötigte man in der Brauerei. Beschattet war der Keller mit großen alten Eichen, dem sogenannten Park, da gab es Eichhörnchen, Uhus und auch Marder.

Anlagen mit sehr gutem Obst umgaben das Schloß. Da war der Pflaumen- und Zwetschgengarten, die Kirschen, Pfirsiche, Weichseln, Äpfel, Birnen und Hecken mit großen Haselnüssen.

Ein großer Gemüsegarten und viele Beerensträucher. Den Garten hatte meine Mutter zu bearbeiten. Wenn das Obst reif war, dann gingen die Kinder des Dorfes schon mal auf die Pirsch um auch davon zu naschen. Mit Stöcken warfen die Buben nach den Pflaumen, irgendwo hatte der Zaun schon ein Loch.

Rechts vom Brauhaus, das etwa 5o Meter vom Schloß entfernt war, stand auf einer kleinen Anhöhe die Kegelbahn und ein Saletell, das in früheren Zeiten zum Bierausschank diente.
Im Krieg war nichts mehr los, und so benutzten wir Kinder die Kegelbahn als Spielplatz, mir fiel einmal ein Kegel auf den Fuß, da waren meine Zehen ganz blau und einige Zehennägel gingen ab.

Im Sommer 1916 waren wir noch zu dritt, und ich weiß noch, wie mir bci einer Wanderung zwischen den Feldern der Strohhut vom Kopfe fiel, weil ich so fröhlich dahinlaufen konnte. Mutter trug damals schon ein Brüderchen unter dem Herzen. Im November brachte dann die Frau Höckinger, das war die Hebamme, zu meiner Überraschung Familienzuwachs ins Haus. Sie war dem Storch begegnet. Ich akzeptierte den kleinen Schreier und fand, so erzählte mir später die Mutter, daß das Brüderchen etwas am Bauchende hatte, was mir fehlte. Ich soll ungefähr so gesagt haben, da bin ich einmal hingefallen und hab mir wehgetan, dabei habe ich es verloren. Da die Buben, so lange sie klein waren, Rockerl wie die Mädchen anhatten, gab es für mich keinen Unterschied.

Die Zeiten waren schlecht für Kleinkinder, aber Vater hatte täglich einen Liter Milch vom Schloß zu bekommen und so bekam der Bub sein nötiges Süppchen. Der Diezi (=Schnuller), er bestand aus einem 10 mal 10 cm großen Leinenflikken, welcher mit eingeweichtem Schwarzbrot, das hauptsächlich aus Kleie und Kartoffeln hergestellt, gefüllt wurde. Ein Stückchen Kandiszucker, den Mutter noch von früher hatte, kam auch dazu. Das Ganze wurde mit einem Faden zugebunden und dem kleinen Schreier in den Mund gesteckt. Der war zufrieden, weil er nichts anderes kannte.

Es war Sommer 1917 und ein schöner Tag, da legte die Mutter den Buben auf eine Decke vor dem Haus und ich sollte bei ihm bleiben. Sie wollte nur schnell Gurken vom Garten holen, nirgends war eine Gefahr zu sehen. Sie wird sich wohl länger aufgehalten haben, auf einmal hörte sie Kinder- und Gänsegeschrei. Eine Schar Gänse war aufgetaucht und ich bin weggelaufen, weil mich schon einmal eine Gans ins Knie gebissen hatte. Nun fielen sie über das Kleinkind her und eine Gans zwickte mein Brüderchen in die Nase. Man konnte noch lange die bogenförmige Verletzung sehen. Beinahe wäre das Kind um seinen Riecher gekommen. Ein Jahr später wurde der Bub wieder von Gänsen attackiert. Eine Gans, vielleicht war es der Gänserich, stieß das Kind zu Boden, so daß es auf allen Vieren krabbbelte, sprang ihm auf den Rücken und schlug ihm die Rippen blau. Ähnlichkeit mit einer Gänsebraut bestand bestimmt nicht.

Nun war Zeit, daß der Bub Hosen bekommen sollte. Mutter nähte sie selbst aus blauem Leinen. Noch einmal war Albert in großer Gefahr. Nicht weit vom Brauhaus war eine Löschwassergrube. Sie war zwar eingezäunt, aber jemand hatte das Gatter geöffnet. Da saß nun der Bub dicht am Rande der Grube und spielte. Mutter konnte das Kind noch früh genug herausholen.

Der Rababa!

Albert bekam von einer Nachbarin ein altes Holzpferd geschenkt. Es stand auf einem Brett mit Rädern und war schon sehr abgenützt Der Schweif vom Gaul war nur eine einzige ausgefranste Schnur. Vater sagte, der hat einen Rattenschwanz. Der Bub konnte das Wort nicht aussprechen und so hieß das Pferd fürderhin „Rababa".

Ich spielte am liebsten mit der Puppe. Es war eine Babypuppe aus Zelluloid. Sehr früh lernte ich schon mit Nadel und Faden umgehen, so bekam meine Puppe bald selbstgeschneiderte Kleider, im Kimonoschnitt mit Vorderstichen zusammengenäht. Da kam ich auch über Mutters Flickenkiste und zerschnitt manches, was nicht für die Puppe bestimmt war. Je bunter, desto begehrenswerter war der Stoffrest.

Da war dann noch unsere Miezi, eine dreifarbige Kätzin. Miezi, eine sehr fleißige, schlanke Katze, säuberte das Brauhaus von Ratten und Mäusen, deren es genug gab als meine Eltern dort einzogen. Die Miezi hatte oft Nachwuchs, Mutter ließ der Katze nur ein oder zwei Junge im Fühjahr, die sie in der Nachbarschaft unterbringen konnte. An einem schönen Sonntag führte ich meine lieben Katzenkinder in der Kastanienallee spazieren. Da kam ein Bursche daher und nahm das Weiße mit den schwarzen Flecken auf und ich dachte, er würde es liebhaben. Er aber drückte es mit seiner großen Hand fest zusammen und lachte. Mein Kätzchen war am nächsten Tag tot. Ich war über diese rohe Tat so unglücklich und legte mein Kätzchen in ein Grab, das ich noch lange mit Blumen schmückte.

Der Schloßpächter war auch ein sehr böser Mann, der gerne Menschen und Tiere quälte. Da saß ich mit meiner Puppe spielend am Eckstein des Brauhauses, es zog eine Schafherde vom Bräu mit viel „Mähmäh" vorbei und ich plärrte dann auch laut mein „Mähmäh" mit. Da kam der Bräu daher und gab mir eine Ohrfeige, er dachte wohl, ich würde ihn verspotten. Auch seine Frau, die Frau Angstl, glaubte, sie müsse an der Erziehung anderer Kinder mitwirken. Mein dreijähriger Bruder und sein um ein Jahr jüngerer Freund Erich wurden von dieser Frau geschlagen, weil sie einmal nackt mit ihren Kleidern auf dem Arm ins Dorf liefen. Ein um einige Jahre älteres Mädchen hatte den Buben die Hemden und Hosen ausgezogen und ließ sie dann stehen, wie sie waren. Die Buben konnten sich selber weder aus- noch anziehen, so liefen sie nackt, wie sie waren, ins Dorf. Die Frau Angstl war über den obszönen Anblick so empört, daß sie den Kindern gleich den Hintern versalzte. Man muß doch für Sitte und Anstand im Dorf sorgen. Ich nehme an, daß das Mädchen nur sehen wollte, wie Buben ausschauen. Bei ihr zuhause gab es nur Mädchen.

Die Uhus, die ich anfangs erwähnte, hat der Angstl abgeschossen und gab die Kadaver meinem Bruder, welcher diese der Mutter brachte mit den klagenden Worten: Vogi tot. Der nächtliche Ruf „uhuuu" war nun verstummt. Für mich war dieses „Uhuuu" immer etwas unheimlich, aber es gehörte zu den bekannten Lauten, wie das Bellen eines Hundes in der Ferne.

Die große Birke, auf der die Eichhörnchen so lustig spielten, ließ der Bräu auch fällen. Das eine liebten wir Kinder, das andere fürchteten wir; den Schafbock vom Bräu, der hat mich öfters umgestoßen, da mußte man schon eine Weile liegen bleiben, sonst ließ er nicht ab. Ein weiterer Dorfschreck waren der Saubär Hans, ein mächtiger Eber, und der Geisböck vom Santinger.

Eigentlich ist es doch schön gewesen in einem Dorf zu leben. Es gab so viele Möglichkeiten zum Spielen, die Katze, der Ball und die vielen Kinder. Räuber und Schandi war ein beliebtes Spiel. Im Winter durften die Kinder auf der Dorfstraße Schlitten fahren, wenn dann um 4 Uhr das Gebetläuten von der Kirche erklang, gingen alle Kinder nach Hause. Bei uns gab es dann Bratäpfel und die warme Stube tat gut. Unsere Lederschuhe durften wir zum Schlittenfahren nicht anbehalten und mit den Holzpantoffeln wurde man schon bald müde.

1918 war der erste Weltkrieg zu Ende und Anderl, unser großer Bruder, kam wieder in die Heimat zurück. Er besuchte uns öfters und weil er gelernter Haushaltsspengler war, lötete er den Frauen des Dorfes die kaputten Kochtöpfe, so konnte er sich etwas Geld verdienen, denn Arbeit bekam ein Heimkehrer nicht so schnell. Aus einer Geschoßhülse, die er aus Frankreich mitbrachte, hat er mir eine Sparbüchse angefertigt, schön gehämmert.

Als er noch an der Front stand, hatte Vater einen gefangenen Franzosen als Gehilfen. Er hieß Romanet, mir schenkte er manchmal Biskuit, die er aus seiner Heimat bekam.

Nun war auch dieser wieder in die Heimat entlassen und weil der Bräu keinen Ersatzmann einstellte, mußte Mutter oft in der Brauerei helfen, was sehr schlecht war für die an Rheuma leidende Frau.

In diesen schlimmen Zeiten kamen auch noch zwei Kinder unserer Stiefschwester in unseren Haushalt auf dem Lande. Nach einiger Zeit konnte Mutter das jüngere Mädchen bei ihrer Schwester, die etwas Landwirtschaft hatten, unterbringen.

Im Mai 1919 kam ich in die Schule.

Die Lehrer waren knapp und so hatten wir in der ersten Klasse einen nervenkranken Lehrer. Er machte uns Kindern sehr viel Angst. In der zweiten Klasse bekamen wir unseren lieben Lehrer Goldhuber. Da kam es schon vor, wenn wir am Morgen das Schulzimmer betraten, daß er ein Märchenbild auf die Wandtafel gemalt hatte.

Es gab nur Schiefertafeln, in die wir die Haar- und Schattenstriche einkratzten, aufwärts fein und abwärts dick. Für die nächste Klasse brauchte man weniger Hilfslinien, und so wurde die Tafel mit Bimsstein abgeschliffen und mit einer Stricknadel neue Linien gezogen. Das Christkind hatte schon zu Weihnachten die Griffel und die Bücher für das neue Schuljahr gebracht. Die Griffel vom Christkind waren vergoldet und lagen in einer Spanschachtel mit der Aufschrift

„Dem fleissigen Kinde". Spielsachen hatte das Christkindl damals auch nicht mehr.

Um diese Zeit kann es gewesen sein, da wurde aus Landshut Kriegsmaterial in der Nacht ins Dorf gebracht und versteckt. Flammenwerfer, und beim Bigerl sollte sogar eine Kanone im Stadel stehen, wußten einige Kinder zu sagen.

1920 brach in der Malzdarre des Brauhauses Feuer aus, weil diese vom Bräu auch zum Flachstrocknen benutzt wurde. Ich hatte große Angst, weil unsere Wohnung unter demselben Dach war. Es war bald gelöscht, aber ich wollte unter keinen Umständen mehr zum Dachboden hinaufgehen. Ja, ich bildete mir ein, ich hätte eine Gestalt ganz in Schwarz mit einem riesigen Kopf gesehen und erlag dieser Sinnestäuschung so sehr, daß ich es immer wieder behauptete. Mutter mußte eben den Malzkaffee selber aus dem Behälter holen, der als Vorrat für den Schloßhaushalt und für uns auf dem Boden stand. Vater röstete den Malzkaffee in der Trommel, in der das Farbmalz für das dunkle Bier geröstet wurde. Malzkaffee war unser Frühstück und unsere Abendmahlzeit. Gesüßt wurde mit Sacharin. Aus Zuckerrüben kochte Mutter auch Sirup. Im Winter nach dem Abendkaffee stellte Mutter noch ein Körbchen mit rotbackigen Äpfeln auf den Tisch. Es wurden dann Märchen erzählt und da kam es schon vor, daß ich bei den Bremer Stadtmusikanten die Füße nicht mehr unter dem Tisch halten konnte wegen der Räuber. Manchmal spielte der Vater auch mit der Mundharmonika und wenn die Mutter das Lied von der schwäbischen Eisenbahn sang, war das sehr lustig. Auf dem Tisch stand eine Petroleumlampe, da zuckte immer die Flamme, so daß Mutter fürchtete, die Lampe könnte einmal explodieren. Sicher war das schlechte Petroleum schuld. Aus alten Spielkarten baute ich gern ein Kartenhaus und als wir einmal schulfrei hatten, weil König Ludwig III., beigesetzt wurde, stellte ich ihn mir so vor, wie auf der Spielkarte.

Wichtig war für mich der Aufstieg in die nächste Klasse, ich ging gerne in die Schule, aber auf die Sommerferien freute ich mich besonders, da durfte ich zu unserer Tante Marie nach Reischach fahren. Da war Bruder Fritz, die Erna und noch ein Pflegekind. Das Haus stand auf einer Anhöhe und es gab viele Blumen dort. Die Harlandermutter liebte Kinder und Blumen. Wenn es Rupfhauben gab, da durften wir um die Wette essen. Manchmal mußte die Tante auch härter durchgreifen und da bekam ich schon einen Klaps auf das Hinterteil. Das empfand ich nicht so schlimm, nur der Gedanke quälte mich, daß sie es der Mutter sagt, wenn ich wieder nach Hause geholt werde.

Zuhause wurde das Leben für meine Eltern immer schwieriger. Trotz ständiger Preissteigerung bekam Vater keine dementsprechende Lohnerhöhung. So ging Mutter auch zum Bräu als Erntehelferin. Sie stand oft von Mittag elf bis acht Uhr abends auf dem Erntewagen zum Garbenfassen, das heißt, sie mußte die ihr zugereichten Getreidegarben auf dem Wagen richtig aufbauen. Das war eine schwere Arbeit und der Bräu zahlte schlecht. Er nützte alle Leute aus und es gab schlechtes Essen. So blieben auch die Dienstboten nicht lange.

Mutter begann nun auch die Wäsche für die Knechte des Schloßgutes zu waschen, auch für die Bauern die Stärkewäsche. So gab es für Mutter keinen freien Sonntagnachmittag mehr. Da stand sie am Tisch und bügelte die gestärkten Kragen und Hemdbrüste mit den vielen Fältchen, eine mühevolle Arbeit. Dabei war die Holzkohle oft so schlecht und aus dem Bügeleisen mit den glühenden Augen rauchte es, so daß Mutter arge Kopfschmerzen bekam. Als es keine Reisstärke mehr gab, machte Mutter aus Kartoffeln und aus Kastanien eine Stärke. Das saponinhaltige Wasser, das sie abfilterte, verwendete sie noch zum Waschen von Wollsachen. Mutter konnte sich überall helfen.

Die weißen Kleider der Mädchen, wir alle trugen sie am Prangertag, das ist der Fronleichnamstag, wurden schön gestärkt. Die Leute der Umgebung ließen dieses von meiner Mutter machen.

Der Prangertag war schon etwas Besonders. Manche Familien hatten eine Heiligenstatue, die wurde auf eine Trage gestellt und bei der Prozession mitgetragen. An der Trage waren Seidenbänder befestigt, die von vier kleinen Mädchen geführt werden durften, die nannte man Bandlweiserinnen. Es waren noch dabei die Büschltragerinnen, sie hatten Feldblumensträuße. Das ganze war eine große Ehre, wenn man da mittun durfte. Tags zuvor kamen die Mädchen mit vielen festgeflochtenen Zöpfchen in die Schule. Als Festiger diente Bier. Am Prangertag hatten sie dann eine Krause wie die Neger.

Auto hatte man im Dorf noch keines gesehen. Wenn der Baron aus Mirskofen kam und Nachschau hielt bei seinem Gut, so fuhr er mit einem Landauer vor. Darin saßen die Baronessinnen mit großen Hüten. Schöne Pferde waren vor den Wagen gespannt.

Unser Doktor Gruhle, der in Adlkofen wohnte, hatte schon ein Motorrad. Er war ein guter Mann, der nicht nur medizinische Hilfe brachte, sondern auch in anderen Fällen guten Rat gab. So zum Beispiel, als der Bräu den kleinen Häuslern die gepachteten Gründe wegnehmen wollte, legte er beim Baron ein Wort für sie ein.

Mein Bruder Albert war gerade sechs Jahre alt, es war Kirschenzeit. In einem nicht eingezäunten Garten des Bräu stand eine Leiter am Kirschbaum und der Bub stieg mit anderen Kindern auf den Baum um von den süßen Früchten zu naschen. Da kam der Bräu, die größeren Kinder konnten noch flüchten, aber den kleinen Albert erwischte der Grobian noch an der Leiter. Er schüttelte das Kind so fest, daß sich Blut in der Lunge festsetzte. Eine Lungenentzündung und Blutsturz war die Folge. Der Arzt erstattete Anzeige und der Bräu wurde noch böser gegen uns. Bald darauf bekam Albert noch Keuchhusten und Mutter hatte viel Sorge um ihren Jüngsten.

1922 waren wir nun wieder zu viert, weil die zwölfjährige Gertrud einen Dienstplatz in Oberammergau bekam. Im Sommer ging ich auf die abgeernteten Felder zum Ährenlesen. Das Getreide konnte man für Mehl eintauschen.

Immer schneller verfiel der Wert des Geldes. Vater bekam zwar mehr Mark, aber immer erst am Monatsende und da bekam man nicht mehr viel dafür. Meine Eltern verkauften erst mal die beiden Regulatoruhren und so manches andere. Wir verarmten allmählich. Die Mutter mußte die Milch entrahmen, damit sie etwas Butter machen konnte. Ich konnte das auch schon mit dem Schneebesen.

Zu Pellkartoffeln Butter war fein, aber wenn ich etwas mehr haben wollte, mußte Mutter sagen, da bekommst du einen Fettfleck im Magen. Das wollte ich nun auch nicht, denn ich hatte oft Magenschmerzen.

An meinem Namenstag bekam ich ein Ei zum Schulbrot. Da hab ich mich in der Mittagspause hinter der Dorflinde versteckt, daß die andern Kinder nicht sahen, wie ich diese Köstlichkeit zu mir nahm. Die Bauernkinder wußten ja nicht, wie es ist, wenn die Not ins Haus kommt.

Zur selben Zeit wurden auch Kinder aus dem Ruhrgebiet auf das Land verschickt, da verstand ich noch nicht was Heimweh ist, das lernte ich erst später kennen.

Das Ruhrgebiet war damals von den Franzosen besetzt und die Menschen dort hatten es doppelt schwer. Kinder brauchten wenig zum Glück, wenn sie nur zuhause bei den Eltern sein durften. So ein Glück hatte ich am Peterstag, da war Bierausschank vor dem Bräuhaus. Es spielte die Blechmusik, die Leute waren wieder einmal fröhlich. An dem Tisch vor unserer Haustür saßen die Lehrer, auch von Adlkofen. Schon ein Grund, sich schön brav zu benehmen und da rief mich die Wirtin zu ihr, ich soll das Bierbüchl zum Bräu bringen. Als Lohn bekam ich eine Knackwurst, die ich stolz am Lehrertisch vorbeitrug. Sie sollten sehen, wie glücklich ich war. Es war die erste und letzte Wurst, die ich gegessen habe für viele Jahre. Wenn die Näherin den Mädchen vom Dorfbader neue Kleider schneiderte, konnte ich diese nur bewundern, aber wenn ich aus meinem Kleid herausgewachsen war, fand Mutter in ihrer Truhe doch noch etwas Stoff für ein nettes Dirndl, das sie selbst nähte. Auch wenn meine Schürzen geflickt waren, Mutter hat sie sauber gewaschen und für die Schule hatte man ja eine gute Schürze.

Mutter hatte damals noch den großen Gemüsegarten zu bearbeiten und so mußten wir da auch das Unkraut jäten und abends gießen. Da waren wir natürlich schmutzig und bis auf die Haut durchnäßt. Schön ist es gewesen noch in den Wasserbehälter zu steigen und gerne hätte ich da mein Kleid ausgezogen, aber da wohnte der Herr Pfarrer im Schloß - wenn der das gesehen hätte!

Übrigens, wenn der Herr Pfarrer im Herbst sein Brennholz bekam, trugen es die Kinder des Dorfes die drei Treppen hoch zum Dachboden. Dafür gab es Heiligenbildchen, die waren sehr begehrt und ich hatte schon zwanzig von einer Serie.

Damals haben wir beim Zwölfuhrläuten noch unser Spiel unterbrochen und den „Engel des Herrn" gebetet, bei der Maiandacht wurde das „Ave Maria" so heruntergeleiert, daß man kaum ein Wort davon verstand, die Schlußworte lauteten nicht wie heute, „unseres Todes, Amen", sondern „unseres Absterbens, Amen" und das hörte sich so an: „abstermmsam". Heute, da ich das niederschreibe, steht im Geiste so manches dieser längst verblichenen Gesichter vor mir und sie teilen ihre Grabesruhe mit meinem Vater, der im selben Friedhof liegt. Ich weiß nicht, ob heute noch das Tagesläuten von der kleinen Kirche erklingt, aber sicher fährt ein Traktor mit lautem „Tack, tack, tack" auf das Feld. Dorfidylle heute.

Auch wenn das Leben in diesem Dorf sehr schwer war, so habe ich die Stätte meiner Kindheit doch immer in lieber Erinnerung. Das Läuten der kleinen Kirchenglocken zu den verschiedenen Tageszeiten, die Hammerschläge des Schmiedes auf den Ambos, das Dengeln der Sensen am Abend, wenn der

Rauch aus den Kaminen der geduckten Häuser stieg. Das Blöcken der Schafe, das Wiehern der Pferde, das Schnattern der Gänse, das Muhmuh der Kühe und das Hahnengeschrei, das alles gehörte zur Dorfmusik. Der Geruch des Malzes, wenn Sudtag war, sowie der Gestank des Benzinmotors.

Im Mai die blühenden Kastanien und der Duft der Akazien gaben dem Dorf etwas Festliches.

Etwas zum Schauen gab es, wenn der Schäffler kam, die Bierfässer auszupichen. Da war was los, der Meister und sein Geselle zogen mit speziellen Hämmern die Reifen an den Fässern fest. In einem Kessel, der im Freien stand, kochte inzwischen das Pech.

Siedend heiß wurde es in das Spundloch der Fässer gegossen. Schnell war das Faß verschlossen und dann am Boden gewälzt, damit das Pech überall hinkam.

Auf den Feldern des Schlosses stand auch der Flachs und Hanf. Der Flachs wurde geriffelt, gebrechelt und gerauft. Gesponnen und zu Leinen gewebt, das später auf der Wiese zum Bleichen lag. Da haben sie immer mit der Gießkanne Wasser darüber gegossen.

Der Hanf wurde nach der Aufbereitung für Zugseile, Wäscheleinen und andere Stricke verwendet. Das machte der Seiler, er arbeitete in der Kegelbahn, weil die durch ihre Länge gut geeignet war. Da mußte ich natürlich auch dabei sein und zu manchem Handgriff konnte er mich auch gebrauchen. Er machte mir extra ein Springseil, den Hupferstrick.

Im Sommer gingen wir zum Heidelbeersammeln, auch um Pilze. Die Pilze trocknete die Mutter zum Teil für den Winter. Wenn es viele Steinpilze und Reherl, das sind Pfifferlinge, gab, dann wurden sie in Landshut auf dem Wochenmarkt verkauft. Mit unserem Klappkinderwagen mußte Mutter die Ware dorthin bringen. Es ist ein Fußweg von 10 Kilometern.

An einem stürmischen Tag, die Mutter war auch in

Landshut, da wollte ich mit meinem Bruder und einer Freundin der Mutter entgegen gehen. Vater erlaubte es und so zogen wir los. Bei jedem Wegkreuz, was da waren Binderkreuz, Eckerkreuz und Wölflkofen, beteten wir, daß uns nichts passiert.

Aber dann kamen wir an den Eglberg vor dem großen Wald. Unschlüssig standen wir da, ob es nicht doch zu gefährlich sei, wegen der Räuber. Zwei Männer, die vom Walde herkamen, merkten wohl unsere Angst und schwangen einen Prügel. Wir rannten, was wir konnten zum Egl am Berg und erzählten, daß wir Strolche gesehen haben, dabei fiel uns zwei Mädchen gar nicht auf, daß wir den Albert verloren haben. Auf einmal merkte ich's und wir fanden ihn hinter einem Holzhaufen versteckt. Mutter kam inzwischen nach Haus und hatte Sorge, weil sie uns nicht gesehen hatte. Aber bald danach kamen wir auch heim.

Ostern war für mich auch eine Enttäuschung, wie ich sah, daß die Kinder vom Bräu viel bekamen und bei mir nur zwei Eier in meinem mit Sorgfalt gebauten Nest lagen. Da mußte die Mutter eingestehen, daß es den Osterhasen gar nicht gibt und auf meine weitere Frage, wie das mit dem Christkind ist, wurde ich auch darüber aufgeklärt.

Ostern war auch mein erster Beichttag und da sollte ich ein „Lob Gottes" haben, aber Mutter sagte, sie brauche das Geld für Brot. Mutters Gebetbuch galt nichts und so mußte ich in der Kirche warten bis mir ein anderes Kind sein Buch lieh.

Für die Christbaumkerzen sammelte ich das Wachs von den Kirchenstühlen. Es war das Wachs von den bunten Wachsstöckln der Frauen, das abgetropft war. Ich schmolz es ein und machte mit einer Schnur als Docht meine eigenen Christbaumkerzen. Mutter buk ein Gebäck aus Sirup. Von Nachbarn bekam ich etwas Mürbeteiggebäck, das schmeckte schon besser. Es machte mir Freude, wenn ich der Mutter etwas davon geben konnte. Mein Stiefbruder Anderl kam da auch zu Besuch und brachte Vater einige Zigarren. Der große Bruder hat uns Kleinen immer etwas mitgebracht. Wir hingen sehr an ihm.

Der Weihnachtsfriede war bald vorbei und der Bräu sorgte schon dafür, daß der Alltag schlimm wurde. Wenn er bei sich zuhause Ärger hatte, dann kam er ins Bräuhaus und plärrte und schimpfte, was das Zeug hielt. Auch spuckte er den Vater einmal an zu dessen Brauerjubiläum. Ein andermal kam er zu uns in die Wohnung, warf einen Stuhl in die Ecke, stürzte auf die Mutter los und packte sie, als ob er sie erdrosseln wollte. Ich habe das mitangesehen und fürchtete den Grobian sehr.

Während die Fabriken schon täglich ihre Arbeiter auszahlten wegen der galoppierenden Inflation, gab der Bräu immer noch am Monatsende das Geld.

Es gab viel Schnee an einem Schultag und nur wenige Kinder kamen, so wurde nur ein Schulzimmer beheizt und zwar das vom Hauptlehrer, wo ich hingehörte. Mein Bruder, der Erstklaßler, ging in sein Schulzimmer. Ich weiß nicht, warum ich es nicht gesagt habe, vielleicht aus Schüchternheit, oder weil der Pfarrer gleich mit dem Kommunionsunterricht begann. Danach durften wir alle nach Hause gehen. Als der Lehrer Goldhuber noch in sein Schulzimmer sah, fand er den Albert, weinend und frierend. Der Bub bekam von seinem Lehrer eine Schachtel Farbstifte und ich vom Hauptlehrer Wild eine über den Kopf gehauen. Er mochte mich zwar gern, aber wenn ihm die Hand ausrutschte dann ging's auf den Kopf. Ein anderes Mal hatte ich einen Abszeß am Kopf und da bekam ich auch eine drauf, so daß der Abszeß platzte, ich konnte das Vierzehner-Einmaleins nicht. Ich schrie vor Schmerz, dann sah er die Wunde und er schickte mich zu seiner Frau, daß sie dieselbe reinigte. Er meinte, „Batscherl, warum hast du das denn nicht gesagt?" Ich konnte ihn doch nicht vorher warnen.

Es wurde wieder Ostern und dann der Weiße Sonntag, da hatten wir Erstkommunion. Ein weißes Kleid, aus einem Leinenbettuch von Mutter angefertigt, war von Trudl noch da. Meine Schuhe, die schon an den Kappen durch waren, flickte der Schuster Eckhart, und zwar nähte er einen Lederflicken, schräg über die Kappe, das sah gar nicht schön aus. Eine gebrauchte Kerze lieh mir eine Schulkameradin. Die anderen Kinder hatten neue Kerzen und Schleifen dran, wenn diese auch aus Papier waren. Ausgerechnet am Kommuniontag hatte ich Zahnschmerzen. Am Nachmittag mußten wir noch einmal nach Adlkofen zum Dankgebet. Es war sehr kalt und es schneite ein wenig. Nach der Andacht ging der Pfarrer mit uns spazieren. Es wäre besser gewesen, wenn uns die Pfarrersköchin einen warmen Kaffee gekocht hätte und Nudeln dazu, beim Pfarrhof war ja Landwirtschaft. So kam ich hungrig und ausgefroren nach Hause. Das Kommunionbild, welches man als Andenken bekam, hatte ich mit meinen blaugefrorenen Händen schon zerknittert. Am anderen Tag hat mir der Doktor den Zahn gezogen und der Mutter gesagt, daß ich sehr unterernährt sei.

Eines Tages kam eine alte Nachbarin zur Mutter und fragte, ob ich am Abend zu ihr zum Schlafen kommen dürfe. Ihre Tochter war im Gefängnis, weil sie ihr neugeborenes Kind getötet hatte. Die Frau zog in das leere Haus und wollte nachts nicht allein sein. Die Mutter sagte zu, weil ich abends noch einen guten Milchkaffee und ein süßes Weckerl bekam. Am Morgen gab sie mir noch einen halben Liter Milch mit nach Hause und manchmal auch ein Ei. Ich wußte noch nicht, wo die Kinder herkamen, aber ich hatte doch etwas gehört, daß ein Kind umgebracht wurde. So fürchtete ich mich in diesem Haus. Die alte Frau stand im Sommer schon um 4 Uhr auf zum Taganläuten, sie hatte die Aufgabe der Tochter übernommen. Ich blieb dann auch nicht mehr im Bett. So kam ich oft nach Hause, bevor meine Eltern aufstanden. Ich stieg einfach zum Kellerfenster ein. Dabei habe ich auch das Ei zerdrückt, das ich in der Schürzentasche hatte. Mutter sah, daß es so nicht weitergehen konnte, so durfte ich wieder zuhause schlafen, obwohl wir die Lebensmittel so notwendig gebraucht hätten. Ich brauchte auch meinen Schlaf.

Im Winter, wenn es sehr kalt war, erlaubte mir der Lehrer, daß ich mich in der Mittagspause im Schulzimmer aufhalten durfte, denn mein Röcklein war sehr dünn und ich hatte nur einen von Mutter gestrickten Wollschal, diesen habe ich bis heute zur Erinnerung aufgehoben. Nun, in dieser Mittagspause aß ich mein Stück trocken Brot und dann beschäftigte ich mich mit Zeichnen. Etwas brachte mir die Mißgunst anderer Kinder ein, sie schlugen mich auf dem Heimweg von der Schule. Das Brot, das ich vom Bäcker nach Hause bringen mußte, fiel in den Schmutz. Ich denke, daß es so ist wie bei den Tieren, wenn eines kränklich und schwach ist, dann wird es ausgestoßen aus der Herde. Ich zog mich immer mehr zurück.

Allein zuhause, machte ich gerne eine neue Frisur mit meinen hellblonden Zöpfen. Mutter sagte einmal, wenn du so lange in den Spiegel schaust, dann erscheint einmal darin der Teufel. Da hatte ich doch einige Bedenken, aber so lange man keine Hörner sah, konnte man es doch riskieren. Echt Eva.

Schön war es, wenn ich zur Tante Marie nach Reischach durfte. Diese Tante hatte keine eigenen Kinder, aber sie hat sieben fremde Kinder aufgezogen. Mein Bruder Fritz, damals noch Friedl genannt, war auch dort. Wenn er Stenographiestunde in Altötting hatte, nahm er mich mit, da besuchten wir die Kapelle und die Schatzkammer, ein anderes Mal den Guckkasten und die Indianerausstellung. Das waren schöne Erlebnisse.

Wieder zuhause, mußte ich von neuem erleben, wie gemein der Bräu war. Er hatte mit meinem Vater Streit und schrie, verhungern müaßts, Gmoabrockn (von der Gemeinde leben) müaßts freßn, hi wern müaßts, i sperr's Brauhaus zua.

Zu den anderen Leuten sagte er: Gebt's eahna koa Arbat, nacha müaßn's geh.

Wir waren nicht die einzigen, die er so schikanierte, auch die Schweizerleute hat er hinausgeworfen. Meine Eltern waren im Dorf sehr beliebt, auch bei den umliegenden Bauern, und so bekam Mutter doch Arbeit. Bei der galoppierenden Inflation konnte man am nächsten Tag kaum noch etwas kaufen für den Taglohn. Wir Kinder warteten schon, wenn Mutter am Abend ein paar Nudeln mit nach Hause brachte, die sie sich selbst vom Munde absparte. Sie war so mager, daß die Leute sagten, bei der Bräumeisterin da kommt der Kittel schon bald allein daher. Das soll sich heute jemand vorstellen, daß Kinder froh sind, wenn sie noch eine Brotsuppe bekommen.

Wir sammelten mit Mutter auch Beeren, Pilze und Kräuter. Über so manches Kräutlein wußte sie ein Geschichtlein.

Es war Pfingsten 1923. Mutters Schwester Marie aus Reischach kam zu Besuch. Sie sah, daß wir kaum noch etwas zu nagen und zu beißen hatten. Sie wußte nun, Hilfe tat not, wieder zuhause, nahm sie schon einige Tage später ihr Fahrrad und radelte nach Schwarzenstein zu den drei unverheirateten Geschwistern, die einen kleinen Hof bewirtschafteten, und fragte ob sie eines von uns Kindern nehmen würden. Sie sagten, daß mein Bruder Albert zu ihnen kommen kann. Ein verheirateter Bruder meiner Mutter erklärte sich bereit, mich zu nehmen. Er hatte in der Nähe von Walburgskirchen einen kleinen Hof. Ich kannte diese Leute nicht und genauso war es umgekehrt. Diese Tante erwartete schon von mir etwas Hilfe bei der Arbeit, war ich doch schon 10 Jahre alt.

So wurden wir von Mutter vorbereitet, daß wir nun zu Verwandten dürfen und es werde uns gut gehen. Ich könnte mich bestimmt nützlich machen, da ich zuhause auch schon zugreifen mußte, wenn Mutter anderswo arbeitete. Da verschenkte ich meine Puppe, den Ball und meine Geranien, weil ich alles nun nicht mehr brauchte.

Es kam der Tag des Abschieds, Tante Marie holte uns ab. Mutter ging noch bis zum Bahnhof Landshut mit. Unser Gepäck mußten sie tragen, weil das Klappkinderwagerl auch schon verkauft war. Man geht da gut zwei Stunden. Am Bahnhof versteckte ich mich hinter der Türe und weinte bitterlich, ich wußte ja, daß es da kein Zurück mehr gab wie bei einem Ferienbesuch. Von dem Neuöttinger Bahnhof Eisenfelden war nach Reischach auch noch ein langes Stück Weg zurückzulegen. Da holte uns der Onkel mit einem Handleiterwagerl ab. Da konnte sich wenigstens der Albert hineinsetzen.

Wie schwer mag es der Mutter gefallen sein, daß sie ihre eigenen Kinder nun auch weggeben mußte, hatte sie sich doch früher anderer Kinder angenommen. Wie war dem Vater zumute? Er räumte noch das Brauhaus auf, bekam das letzte Entgelt für Juli 1923, einen Monatslohn für einen Braumeister, dafür bekam man damals noch ein halbes Kilo Fleisch beim Dorfmetzger.

Nun wollte der Bräu die Eltern auch noch aus der Wohnung werfen. Vater ging vor Gericht und da wurde entschieden, daß die Braumeisterwohnung keiner anderen Verwendung dienen dürfe. Die Brauerei wurde nicht mehr in Betrieb genommen und so konnten die Eltern bleiben. Den Torf, den der Bräu noch dem Vater geben mußte, lieferte er im Winter mit Schnee daran, da wog dieser mehr. Die Wasserleitung zur Wohnung sperrte er ab. Mutter mußte das Wasser von einem etwa 50 Meter entfernten Brunnen in der Nachbarschaft holen. Auch zum Waschen der Fremdwäsche. Die Waschbank, die immer im Freien stand, weil keine Waschküche vorhanden war, nahm der Bräu auch weg. Vater aber hatte schon vorgesorgt und ein größeres Brett auf die Seite geschafft, weil er es geahnt hat.

Nochmal zurück zu den Kindern. Einige Tage durften wir noch in Reischach bleiben, dann holte ein Cousin meinen Bruder mit dem Fahrrad ab nach Schwarzenstein. Einen Tag später kam der Onkel Heinrich und brachte mich genauso auf seinen Hof. Bei dieser Tante war ich aber aber nicht willkommen. Sie hatte einen vierjährigen Sohn, für den buk sie Kuchen und ich bekam nichts zu probieren. Ich schlief in einer Kammer über dem Kuhstall und da fürchtete ich mich, wenn die Kühe nachts unruhig waren. Diese Geräusche waren so fremd. Ich schwitzte vor Angst und schaute morgens mein Hemd an, ob ich nicht Blut geschwitzt hab wie Jesus. Weil meine Schuhe zu klein waren, hatte ich eine wunde Ferse und mein Knie war auch eitrig. Um meine Wunden hat sich niemand gekümmert.

Nach einigen Monaten schaute die Tante Marie nach mir. Bei Tag konnte ich es ihr nicht sagen, wie es mir geht, so schlich ich nachts in ihre Kammer und erzählte meinen Schmerz. Sie sah, daß ich in den drei Monaten noch schlechter aussah als vorher.

Wie auch ich nach Schwarzenstein kam

Ich wußte nicht, was meine gute Tante Marie vorhatte, aber bald sollte ich es erfahren. Es kam so, daß man Ende Oktober zu mir sagte, ich dürfe nach Schwarzenstein gehen und meinen Bruder besuchen. Es war ein regnerischer Tag, ich bekam von der Tante ein Paar viel zu große Schuhe, einen Schirm und einen leichten Mantel, den sie für mich hatte ändern lassen.

So schickte man mich auf den etwa dreistündigen Weg. Die Straße führe direkt nach Pfarrkirchen und wenn ich mich nicht zurechtfinde, sollte ich halt die Leute fragen. Erschöpft kam ich am Abend in Schwarzenstein an. In der düsteren Stube war der Onkel Albert und die damals 86jährige Großmutter. Dann kamen noch die Tante Lini, der Onkel Otto und mein Bruder Albert, jetzt Bertl genannt, herein. Der Cousin Max und die Magd waren noch im Stall. Somit wären alle Hausbewohner genannt.

Diese Verwandten kannte ich schon von früher, als ich mit Mutter die Großmutter besuchen durfte. Nachdem ich alle durch Handreichen begrüßt hatte, stand ich nun schüchtern da. Auf einmal sagte der Onkel Albert, der eigentlich der Besitzer des Hofes war, „magst bei uns bleiben?". Ich mußte also nicht mehr zurück. Die Tante Lini war entsetzt wie meine Wunden aussahen. „Du hast ja's wilde Fleisch schon dran," sagte sie. Mit Hausmitteln wurde ich behandelt und drei Wochen später konnte ich wieder zur Schule gehn.

Abschied vom Vater

Vorher kam noch der Schuster auf die Stör und machte für mich und Albert neue Schuhe. Die Schäfte wurden fertig gekauft, aber bei der Fertigstellung der Schuhe konnte ich zuschauen. Onkel Albert hatte einen Jungstier verkauft, bis mein Bruder und ich Schuhe hatten, war dieses Geld dafür verbraucht. Es kam die Zeit, da wurden einfach neue Werte über die Geldscheine gedruckt. Man rechnete mit Billionen.

Nun kam ich wieder in eine andere Schule. Als Fremde wurde man damals von den Mitschülern nicht gerne angenommen. In der vierten Schulklasse dreimal die Schule wechseln, dazu der Ausfall durch Krankheit, da bekam ich auch mit dem Lehrstoff Schwierigkeiten. Ich wagte es nicht zu sagen, wenn ich etwas nicht verstand, was den anderen Kindern längst erklärt war, z.B. das Bruchrechnen. Bei den Verwandten war am wichtigsten, wenn man den Katechismus auswendig gelernt hatte. Ich mußte viel verdauen in diesem Jahr.

Es kam Weihnachten ohne Eltern, ohne einen Christbaum. Ich hatte arg Heimweh. Trotz der Not zuhause fand ich es bei den Eltern doch schöner. Diese Leute waren nicht an Kinder gewöhnt, und so kam es nicht zu dem Kontakt den Kinder brauchen. Die alte Großmutter sprach kaum noch etwas, ihre Gedanken weilten mehr in der Vergangenheit, dann erzählte sie, wie sie in Hochholz bei Triftern, wo sie mit dem Großvater ein Haus gebaut hatte, den ermordeten Nachbarn gesucht und auch gefunden hat. Sie sagte dann, daß der Großvater die Nachbarin und deren Sohn zum Streurechen in den Wald mitnahm und daß sie allein auf deren Wiese aufgegraben hat bis eine Hand frei lag und dann ging sie noch zur Gendarmerie. Das war das schlimmste Erlebnis für die Frau, die acht Kinder großgezogen hat und später den Großvater gepflegt hat, der zwei Jahre bettlägerig war.

In Schwarzenstein gab es nur einen einzigen Apfelbaum. Er trug kaum noch Früchte und diese bekam die Großmutter.

Manchmal schenkte sie meinem Bruder Albert einen. Aß er diesen nicht gleich, dann nahm die Tante den Apfel wieder ab und legte diesen der Großmutter wieder in das Zimmer. Die Großmutter wunderte sich dann, daß ihre Äpfel nicht weniger wurden.

Das Jahr 1924

Mit Beginn dieses Jahres war die Inflation zu Ende.
Das neue Zahlungsmittel war die Rentenmark. Sie war wieder stabil in der Kaufkraft und es konnte wieder aufwärts gehen. Viele Menschen hatten ihr ganzes Vermögen verloren und andere wurden reich, die sogenannten Neureichen, im Sinne der letzteren scheinen mir die goldenen zwanziger Jahre zu sein.

Die Eltern hatten eine Rente, Mutter ging nähen und flicken und so konnten sie sich es leisten, uns im Sommer zu besuchen. Allerdings nur wenige Tage.

Da wir voraussichtlich längere Zeit im Haushalt des Onkels bleiben würden, fragte dieser beim Finanzamt, ob man das bei der Steuer berücksichtigen könne. Die Antwort war nein, er hätte ja die Kinder nicht nehmen brauchen. Kinderfreundlichkeit damals. Das, was wir gegessen haben, tat dem Hof sicher nicht weh, aber an Kleidung brauchten wir doch einiges. Das Einkommen dieser Leute war sehr klein.

Zur Arbeit wurde ich schon sehr früh angehalten. Wenn ich von der Schule nach Hause kam, mußte ich Brennholz in die Küche bringen, einen großen Dämpfer Kartoffeln im eiskalten Wasser waschen, abends das Geschirr spülen, Butter rühren, Strümpfe und Socken stricken. Beim Futterschneiden mußte ich an der verlängerten Kurbel mithelfen, denn es war nichts motorisiert. In den Osterferien saßen Albert und ich tagelang vor einem großen Haufen Kartoffeln und mußten die Triebe entfernen. Im Sommer beim Heueinfahren nachrechen, im Stadel Heu treten, auf dem Feld die Garben halten beim Kornmandlaufstellen. Die Kinder auf dem Lande mußten überall zugreifen.

Der Schuppen und der Ochsenstall wurden umgedeckt, da mußte ich die Dachschindeln hinreichen und dafür bekam ich vom Onkel eine Mark. Das war mein erstes selbstverdientes Geld.

Das Essen auf dem Hof war sehr einseitig. Am Morgen eine Herbstmilchsuppe, die ich auch schon kochen konnte, da wurde Brot eingebrockt. Daran habe ich mich leicht gewöhnt. Für die Schulpause bekamen wir einen Keil trocken Brot mit. Es war sehr trocken, weil es immer auf Vorrat gebacken wurde, damit es ergiebiger war. Obst hatten sie keines, erst später pflanzte der Onkel Obstbäume. Wenn wir nachmittag um drei von der Schule nach Hause kamen, lag für jedes von uns ein Brotknödel seit Mittag 11 Uhr in der Fleischsuppe oder wenn sie Braten hatten in der fetten Soße, eigentlich war es nur noch Fett. Das stand immer im Bratrohr und war kaum noch warm. Ich konnte das oft nicht essen und spuckte es geheim in mein Taschentuch, daß es der Onkel nicht merkte, er lag ja oft hinter mir auf dem Kanapee. Als Vorspeise gab es zu jeder Mahlzeit Sauerkraut. Im Herbst wurden große Bottiche davon eingemacht. Fleisch habe ich die drei Jahre, die ich in Schwarzenstein verbracht habe, nie gegessen. Fettes Fleisch konnte ich nicht essen und mageres bekam ich nicht. Ich freute mich immer auf das Abendessen, da gab es Dampfnudeln, Reinzelten oder Rohrnudeln mit Sauermilch. Die Kruste von den Rohrnudeln war so fett, daß ich sie nicht essen konnte, ich gab sie immer dem Onkel Albert.

Zum Beten mußte man sich auf den Boden knien an eine Bank an der Wand. Da liefen Kakerlaken entlang, so war mein ganzes Denken darauf konzentriert, daß mir keiner zu nahe kam. Ich mochte nicht einmal einen Maikäfer anrühren.

Die Tante war früher Hausmagd bei einem Pfarrer Osterkorn, ein Bild von ihm und der ganzen Belegschaft des Pfarrhofes hing ehrenvoll an der Wand in der Stube. Immer hieß es „der Pfarrer Osterkorn hat gesagt", das war dann die Predigt zuhause. Die Sonntagspredigt mußte ich sowieso erzählen, zum Zeichen, daß ich in der Kirche aufgepaßt habe. Unsere ganze Erziehung war nach Osterkorn geprägt. Ich konnte den Namen gar nicht mehr hören. Wir mußten immer laut beten, durften aber nie laut lachen, das bedeutete für sie schon Ausgelassenheit. Sie wußte es nicht anders, hatte als Kind auch nichts zu lachen. Von meiner Firmpatin, der Tante Marie, bekam ich am Firmungstag einen Ball, weil ich ihn so sehr wünschte. Die Tante Lini hat ihn versteckt und gab ihn mir erst ein Jahr später wieder, als ich dort wegmußte. Ich habe auch diesen Ball verschenkt, denn jetzt brauchte ich ihn nicht mehr.

Es war 1925 in der Erntezeit, ich war schon 12 Jahre alt und sollte im Getreidestadel die großen Korngarben nach hinten werfen. Ich war noch zu klein, um es gut machen zu können, da schimpften der Knecht, der mein Cousin war, und die Magd, ich wäre zu faul. Ich aber hatte schon starke Schmerzen im Rücken und in den Knien. Am andern Tag konnte ich nicht mehr stehen, weil meine Knie so geschwollen waren. Die Tante machte Umschläge mit Lehm und Obstessig, das linderte etwas, ich brauchte dann doch einen Arzt. Der sagte, ich hätte Rheuma und Bleichsucht, meine Finger schwollen auch an. Der Onkel nahm mich zum Doktor in die Stadt mit und weil er noch Besorgungen machen mußte, brachte er mich zu Bekannten. Dort durfte ich mich hinlegen und bekam eine Semmel mit viel Honig. Honig kannte ich nur vom Märchen und jetzt wußte ich, wie gut er schmeckt.

Ich mußte noch einige Male zum Doktor in die Stadt gehen in seine Praxis. Auf dem Heimweg schmerzten meine Füße und ich setzte mich auf einen Straßenbegrenzungsstein, da kam dieser Arzt mit einem Bauern auf dem Pferdewagen vorbei. Man sah mich wohl, aber sie nahmen mich nicht ein Stück des Weges mit.

In diesem Jahr zeigten sich auch bei mir die ersten Ansätze weiblicher Formen und ich dachte, daß ich auch da geschwollen bin, so sagte ich zur Tante, ob sie mir da Umschläge machen würde. Die Tante überhörte diese Frage. Ich mußte selber darauf kommen, daß die Frauen oben an der Brust dick sind.

Es ging mir wieder besser, es kam der Winter und der Frühling, da wurde ich aus der Schule entlassen. Das bedeutete für mich, daß meine Zeit in Schwarzenstein zu Ende war.

Dreizehn Jahre war ich im Februar geworden und im April verließ ich die Hauptschule in Nöham mit einem guten Schulzeugnis.

Im Mai sollte ich zur Betreuung eines Kleinkindes nach Oberammergau kommen. Meine Tante setzte meinen Kleidern noch einen breiten Stoffstreifen an, weil sie der Meinung war, im Gebirge trage man knöchellange Röcke, der Onkel ließ für mich noch ein Paar Schnürstiefel machen, denn in den drei Jahren waren die ersten zu klein und fast kaputt.

Nun kam die Mutter, um mich vorerst nach Deutenkofen zu holen. Auf das Zuhause und Vater freute ich mich sehr. Aber es war doch vieles anders, als ich es in Erinnerung hatte. Für ein Kind sind drei Jahre eine lange Zeit. Vater war sehr gealtert und krank. Vierzehn Tage durfte ich zu Hause bleiben.

Die Zeit in Deutenkofen nützte ich, um an mir eine äußerliche Veränderung vorzunehmen. In Schwarzenstein mußte ich meine Haare naß machen und die festgeflochtenen Zöpfe um den Kopf binden. Nie wurden sie gewaschen. Mutter hat sie immer mit Kamille gewaschen und das tat ich nun wieder. Auch band ich meine Zöpfe nicht mehr hoch. Ich saß das erste Mal an der Nähmaschine, die man mit einer Handkurbel in Bewegung setzte. Nach Mutters Anleitung machte ich meine Röcke wieder kürzer. Auch ein neues Kleid bekam ich noch. Ich wäre gerne Schneiderin geworden, aber daran war nicht zu denken.

Eine frühere Schulkameradin, die Emma, die schon ein eigenes Fahrrad hatte, brachte mir noch das Radfahren bei und dann war meine Zeit in Deutenkofen um.

Von der Schule ins Leben!

So stand es auf der Titelseite des Buches für die Fortbildungsschule, welche einmal wöchentlich zu besuchen war.

Jetzt hieß es wieder Abschied nehmen von den Eltern. Vater schrieb mir noch auf ein Blatt Papier folgende Zeilen:

Wir streben auf Erden nach nichts so sehr,
als nach Reichtum, Gut, Hoffart und Ehr,
und wenn wir das alles erwerben,
legen wir uns nieder und sterben.

Zum Abschied gewidmet

Dein Vater

Andreas Wimschneider

Deutenkofen, den 26. April 1926

Vater hatte gute und schlechte Zeiten mitgemacht, war das die Erfahrung, die Quintessenz seines Lebens?
Damals begriff ich den Sinn des Ganzen nicht mit meinen dreizehn Jahren, aber ich habe den Zettel immer aufgehoben und heute mit meinen 76 Jahren sagt mir Vaters Widmung viel.

Mutter und ich gingen nun wieder zum Bahnhof für die Reise nach Oberammergau. In München wagte ich es kaum, mit Mutter über die Straße zu gehen. Dann die Fahrt ins Gebirge, es lenkte mich von der Angst ab, die ich vor meiner Zukunft hatte.

In eine ganz fremde Welt war ich nun gestellt, jahrelang nur die Enge der vier Häuser in Schwarzenstein, nicht an den Umgang mit anderen Menschen gewöhnt, sollte ich jetzt in ein Geschäftshaus kommen. Bitterlich habe ich geweint, weil mich Mutter hier gelassen hat. Den Anforderungen, die man an mich gestellt hat, war ich blutarmes Mädchen nicht gewachsen.

Schon in aller Frühe mußte ich Semmeln in ein Hotel und in verschiedene Geschäfte bringen. Ich war oft so müde, daß ich neben dem Putzeimer eingeschlafen bin. Das alles für Kost und Wohnen.

Nie bekam ich einen Pfennig Geld. Ich war nicht kranken-und sozialversichert. Von einer früheren Bekannten meiner Mutter bekam ich ein paar Spangenschuhe, ein Kleid und eine Schürze, abgelegte Sachen ihrer Enkelin. Ich war glücklich darüber. Auf dem Dachboden des Hauses fand ich Florstrümpfe, die niemand mehr trug, für mich waren sie so schön, weil ich nur selbstgestrickte Strümpfe hatte. Ich kam doch jetzt in das Backfischalter, heute sagt man Teenager. Nun lag da auch ein Buch herum, „Die Entstehung und Entwicklung des Kindes". Wenn es irgendwie ging, las ich darin. So wußte ich bald soviel wie heute die sechsjährigen Kinder. Manches bekam man in der Fremde zu Ohren, wovon man früher abgeschirmt war und doch mit allem allein gelassen.

Heimweh hatte ich an den Sonntagen. Nach drei Monaten wollte ich nach Hause, man hielt mich auch nicht auf, ich meldete mich in der Schule ab. Das Notwendigste packte ich in einen Pappkarton, verschnürte ihn mit einer Papierschnur.

Eine Fahrkarte gab man mir noch, denn ich hatte kein Geld. Am Bahnhof traf ich noch meine Lehrerin, sie bat ein Ehepaar, mir in München den Zug nach Landshut zu zeigen.

Es regnete, als ich dort ankam, und ich hatte noch einen Fußweg von ca. 12 Kilometern vor mir. Meinen Schirm hatte ich schon irgendwo stehengelassen. Ich wollte nur heim, wie die Lassie, der Hund. Nachdem ich die Stadt verlassen hatte, setzte ich mich auf eine Bank, die abfärbte, was ich später an meinem Kleid sehen konnte. Ich saß da wie das heulende Elend und überdachte meine Lage. Angst hatte ich, weil die Straße sehr lang durch den Wald führte und weil meine Eltern gar nicht wußten, daß ich nach Hause kam. Was würden sie sagen?

Auf halbem Wege riß die nasse Papierschnur am Karton und ich mußte neu verknüpfen und alles unterm Arm tragen. Am Abend kam ich in Deutenkofen an, meine Arme waren wie gelähmt.

Vater war zu Hause, Mutter noch in Adlkofen in Arbeit. Während es dem Vater nicht recht war, daß ich nun wieder da war, hatte Mutter Verständnis und sagte, es ist schon gut, daß du da bist. Vater ist dann nicht allein, wenn sie arbeiten geht. Vater war da schon sehr krank. An einem Sonntag ging er mit uns noch einmal in die Kirche, da wurde er ohnmächtig und von dieser Zeit an kam er nicht mehr aus dem Haus.

Am 31. Oktober 1926 erlag unser Vater seinem schweren Leiden.

Mutter wußte, daß wir nach Vaters Tod kein Wohnrecht mehr in der Bräumeisterwohnung hatten, so sagte sie nach der Beerdigung zum Bürgermeister, daß sie nun eine Wohnung suche. Dieser meinte, laß nur deinen Mann erst kalt werden. Darauf die Mutter, wirst sehn Bürgermeister, der Bräu kommt. Tatsächlich kündigte der Angstl tags darauf die Wohnung. Um der Sache Nachdruck zu verleihen, flogen, wenn es dunkel war, Steine an das Fenster oder andere, für mich unheimliche Geräusche waren um das Haus. Ich fürchtete mich sehr. War mir doch Vaters Sterben noch so gegenwärtig. Noch nicht vierzehn Jahre alt, brauchte ich Medikamente für Nerven und Magen.

Es ergab sich dann, daß ein Bruder von Mutter, der Witwer war, sie bat, seinen Haushalt zu führen. So zogen wir zwei Monate später dorthin. Mutter hatte nur eine kleine Rente. Witwenrente, ihre eigene Invalidenrente einschließlich Waisenrente betrug nur 29,14 Mark monatlich. Ich besitze noch die Rentenbescheide. Bei diesem Onkel mußte Mutter dann von ihrer Rente die Wohnung, 16,50 Mark monatlich, bezahlen. Für seine Verpflegung gab er 13 Mark wöchentlich. 20 Mark wöchentlich verdiente er als Arbeiter. Mutter verdiente sich dann durch einen Waschplatz etwas und ich mußte in einen fremden Haushalt, da bekam ich im Monat 8 Mark und das Essen war knapp. Wenn ich alle 14 Tage am Sonntag nachmittag vier Stunden frei hatte, so hab ich mich bei Mutter wieder einmal satt gegessen. Einen Beruf zu lernen, war nicht möglich und so blieb ich im Haushalt tätig, lernte in der Krisenzeit Ende der zwanziger Jahre, Anfang der dreißiger Jahre auch die Arbeitslosigkeit kennen, wenn man mit der Stempelkarte zweimal in der Woche zum Melden gehen mußte. 4,50 Mark bekam ich dann in der Woche Unterstützung. Ich fand wieder Arbeit und Mutter blieb auch nach dem Tod ihres Bruders in der gleichen Wohnung, 27 Jahre lang, und sie war bei allen Leuten beliebt. Die Kinder im Haus nannten sie Großmutter, ehe sie eigene Enkel hatte.

Ich heiratete 27jährig, und als meine Mutter hochbetagt war, nahm ich sie in meinen Haushalt auf. Sie starb im Alter von 93 Jahren in meinen Armen. Zwei Tage vorher rief ich noch meinen Bruder Albert an ihr Sterbebett, der knieend von ihr Abschied nahm.

BLUMEN UND DISTELN

Einmal wird es sein

Einmal wird es sein,
da bin ich gewesen.
Keiner weiß wann ich geweint,
wann ich gelacht habe.
Was ich gedacht,
das habe ich geschrieben.
Es ist geblieben.
Wird's einer lesen?
Wird er dann fragen,
wer ist sie gewesen?
Ich habe versucht, mich selbst zu kennen,
da könnt ich viele Fragen nennen,
doch dunkel bleibt ein Rest.

Zu früh

Gänseblümchen in dem Garten,
kannst den Frühling nicht erwarten.
Das neue Jahr nun erst begann,
laß dich nicht täuschen von der Sonn'.
Schon morgen kommt der kalte Wind
und du erfrierst, mein Blumenkind.
Zieh dein Köpfchen wieder ein,
bald fängt es an zu schnein,
weicher Flaum wird dich dann decken.
Laß dich nur vom Frühling wecken.

Januar
Winterzauber

Früh gehn die Tage jetzt zur Neige,
denn die Sonne steht noch tief
und die frostgeschmückten Zweige
neigen fast zur Erde sich.
Die Birke prangt im silbern Filigran.
Ein Vöglein hab ich aufgescheucht,
das Eichhorn huscht zum hohen Tann,
das Vöglein ins Gebüsch entfleucht.
Ein Regen rieselt auf mich nieder
aus funkelnden Kristallen
und legt mir an ein gleißend Mieder,
mein schönstes Kleid von allen.

Februar

Am Himmel ziehen Wolkenfahnen,
vom Föhnwind übers Blau gejagt.
Sie lassen uns den Frühling ahnen,
bis endlich auch sein Morgen tagt.
Vom Eise schmelzen erst nur Tröpfchen,
dann schnell des Winters Pracht zerfließt.
Ein Gänseblümchen streckt sein Köpfchen,
ich glaub, daß mich der Frühling grüßt.

März

Die Blume dicht dort an der Mauer
grüßt der warme Sonnenstrahl.
Ein Spinnlein liegt schon auf der Lauer,
im stillen Winkel hinterm Stall.
Frühling wirds, der Winter weicht.
Kinder spielen Murmeln wieder,
der Kater jetzt zur Kätzin schleicht,
Vöglein singen ihre Lieder.
Alles regt sich, Gräser sprießen,
neues Leben nun erwacht.
Schlüsselblumen auf den Wiesen,
irgendwo ein Mädchen lacht.

Frühlingswind

Wenn der Frühlingswind durch die kahlen Zweige streicht
flüstert er den Knospen zu, brecht auf.
Wenn die Sonne früher jetzt am Himmel steigt,
weckt sie die müden Schläfer auf.
Wenn der Wind die Gardinen an deinem Fenster
leicht bewegt,
sich auch in dir ein süßes Sehnen regt.
Im Garten probt den Frühlingsgruß auch schon die Meise
mit ihrer altbekannten Weise, zibi, zibi.

April

Regengüsse, Graupelschauer,
Sonnenschein von kurzer Dauer.
Blitz und Donner auch zuweilen,
sturmgepeitscht die Wolken eilen.
Dann zwei Tage Sonnenschein,
schon fängt es wieder an zu schnein.
Die Bäume stehn schon voll im Saft.
Der Winter trotzt mit seiner Kraft.
Am Ende muß er doch erliegen
und der junge Frühling siegen.
Schon in meinem Garten blühn
Krokus und Forsythien,
auch ein Käfer, ein sehr früher,
krabbelt über die goldnen Blüher.
Mücken tanzen in der Luft
über frischer Erde Duft.
Bienen suchen Weidenkätzchen
und ein Bursch, er küßt sein Schätzchen,
doch am Abend wird es still,
denn es ist ja noch April.

Mai

Ein Maientag, er ist verflossen,
die Nacht kommt sanft und lind.
Die Blütenkelche sind geschlossen,
in seinem Bettchen träumt ein Kind.
Am Himmel stehn zwei Sterne,
deren Glanz im Dunst sich fast verlor.
Flötentöne dringen aus der Ferne,
ganz leise an mein lauschend Ohr.
Im dunklen Schilf am Teiche
allmählich sich ein Leben rührt,
des Mondes Licht, das bleiche,
langsam übers Wasser irrt.
Ein Schwan steckt seinen Kopf in das Gefieder
und träumt von einer Schwanenbraut.
Nicht alles was da liebt hat Lieder,
um Liebe quaken Frösche laut.
Erst nur einige, die da quaken,
bis es zum Konzert anschwillt.
Ich vernahm auch Zweige knacken
hinter mir beim Wegeschild.
Auf der Bank, dort hinter Büschen
ließ nieder sich ein liebend Paar,
kann vor Lieb kaum satt sich küssen,
genauso wie es früher war.

Ein Sonnentag

Morgenglocken klingen,
im Haselbusch die Vöglein singen
und mein Herz ist auch bereit,
zu teilen diese Fröhlichkeit.

Leichtes Wellenkräuseln
und im Schilf ein feines Säuseln,
nirgends Lärm und kein Geschrei,
meine Seele, träum dich frei.

Über mir die Sterne,
Wetterleuchten in der Ferne
und in mir Zufriedenheit,
da ist der Himmel nicht mehr weit.

Sommermorgen

Zwischen Wiesen, trächtigen Feldern,
eingerahmt von grünen Wäldern,
mach ich Rast.
Fern von jeder Hast.
Hier ist noch die Morgenluft
gesättigt vom Kamillenduft.
Unter einem Lindenbaum
schau ich in den weiten Raum.
Höre jetzt der Lerche Lied,
in den Wald ein Reh entflieht.
Mein Blick geht in die Runde,
vom nahen Turm schlägt nun die achte Stunde
und die Schläge klingen hell
von der barocken Kirche, dem Juwel.
Ich möchte, daß die Zeit verweilt.
Indes die Sonne höher steigt,
mich mahnend, daß die Stund enteilt,
daß jeder Tag sich einmal neigt.
Ich habe mit ihm früh begonnen
und ihm das Schönste abgewonnen.
Heimwärts wende ich den Schritt
und nchme diese Freude mit.

Träumerei

Mein Garten ist ein Tummelplatz
für Spatzen, Star und Amsel.
Es wäre noch für viele Platz,
doch gibt es oft Gerangel.
Es lüftet dort am Brunnentroge,
ein Vöglein sein Gefieder
und auf des Floxes Blütendolde
läßt sich ein bunter Falter nieder.
Er breitet seine Flügel aus,
läßt drin die Sonne spiegeln.
Das löst in mir ein Sehnen aus,
könnt ich mich auch beflügeln,
aufsteigen, schweben hoch im Bogen,
bis zu den Wolken, die dort ziehen Wogen.
Möcht hören dort der Lerche Lieder,
herniedersinken in den Garten wieder
und als Tau die Blüten laben,
eines Sommers schönste Gaben.
So versunken in Gedanken,
schau ich Kapuzinerranken
in dem letzten Sonnenlicht,
hundertfach ein Clowngesicht.

Die Blumenwiese

Ich fand noch eine Wiese,
voll Blumen und voll Blüten.
Schafgarben, Hahnenfuß, Lichtnelken, Margeriten.
In ihren Bann ließ ich mich ziehn
und kniete mich zu ihnen hin.
Über den Wiesenhang, den breiten,
ließ ich meine Blicke gleiten
und war wieder Kind.

Ich legte mich dann auf den Bauch,
als Kind tat ich das auch.
Nun war ich wieder klein,
die Wiese war jetzt mein.
Ein Mini-Urwald lag vor mir,
der vielen Käfer Jagdrevier.
Das Gras bewegt sich leicht im Wind.

Spinnlein ganz in meiner Nähe,
über mir fliegt eine Krähe
hin zum nahen Wald.
Ich vergaß, daß ich schon alt.
Hummel macht summ, summ, summ,
nach Augentrost schau ich mich um.
Ob ich wohl das Kräutlein finde?

Das Unwetter

Der Tag ist heiß, es drückt die Schwüle.
Jeder sehnt sich nach des Abends Kühle.
Donnerrollen kündet Regen.
Heimwärts drängst auf allen Wegen,
denn eine dunkle Wolkenwand
kommt unheilschwanger übers Land.
Längst verstummt sind schon der Vögel Lieder.
Sturm kommt auf,
Eisbrocken prasseln nieder
und türmen sich zu Hauf.
Des Sommers bunte Pracht,
sie wird zermalmt, vernichtet.
Als sich der Himmel wieder lichtet,
sind Bäume, die so reichlich Frucht getragen,
entlaubt und wund geschlagen.

Der Regenbogen

Ist ein Gewitter abgezogen
und auch der Sturm, er ist gebannt,
dann spannt sich oft ein Regenbogen
weit über Stadt und Land.
Einst hörte eine alte Frau ich sagen,
man müßte über sieben Hügel gehn,
so schnell wie nur die Füße tragen.
Dort fände man das Reich der Feen,
es fließe dort der Regenbogen
in eine goldne Schüssel,
darinnen läg zum Buch der Weisen
auch ein goldner Schlüssel.
Ich wünschte sehr ihn zu bekommen,
doch immer hab ich es verpaßt.
Nicht einen Hügel habe ich genommen,
da war der Regenbogen schon verblaßt.

Sturmnacht

Die Rose, sie war soeben erblüht
und ließ ihren Duft verströmen.
Doch in der Nacht, da war sie geknickt,
man fand sie gebrochen im Grase.
Und sie war doch gerade erblüht.

Der Junge, er war so fröhlich und frisch,
er hatte den Kopf voller Träume.
Er fuhr in die Nacht, er sagte nur tschüß!
Man fand ihn tot auf der Straße.
Und er war noch so jung, so jung.

November

Die Stürme haben sich gelegt,
kein Windhauch mehr den See bewegt,
kein Vogellaut mehr in den Zweigen,
schemenhaft die Nebel steigen.
Das letzte Blatt, das dieser Sommer gab,
sinkt lautlos in das nasse Grab.
Sinnend bleibe ich nun stehn...
Könnt ich auch einst so sanft vergehn
wie dieses Blatt, der Nebel und der Rauch.
Tropfen hängen Tränen gleich am kahlen Strauch.

Herbst im Park

Im Nebel steht verlassen eine Bank und träumt
von Menschen, die zur Rast sich auf ihr niederließen.
Die Blumenbeete sind schon abgeräumt
und gelbes Laub verwelkt zu ihren Füßen.
Vom Ahorn fällt ein Blatt noch auf sie nieder,
da wo der Rentner saß, noch vor wenigen Tagen.
Er schläft nun tief, er kommt nicht wieder,
man hat ihn heute zu Grabe getragen.
Jetzt bricht die bleiche Sonne durch die Nebelwand
und ein Lichtstrahl fällt auf die verlassene Bank,
da wo gestern noch ein liebend Paar,
sich selig in die Arme sank.
Die Bank im Park, sie träumt.

Herbstgold

Das Blau des Himmels ist schon bleich
und lange Schatten fließen,
dennoch macht der Herbst mich reich,
sein Gold liegt mir zu Füßen.

Ist die Pracht auch nicht von Dauer,
so freu ich mich doch heute.
Schon beim nächsten Regenschauer
wird sie des Windes leichte Beute.

Der trägt sie fort zum nahen Rain,
deckt dort die Ackerkrume.
Bis zu des Frühlings Sonnenschein
schläft drunter eine Blume.

Hoffnung

Der Himmel ist grau, die Wiese so fahl,
verweht ist jeglicher Duft.
Bäume und Sträucher sind längst schon kahl.
Flocken wirbeln durch die Luft.
Als Leichentuch möcht ichs nicht sehn,
ein bräutlich Schleier senkt sich nieder.
Die Erde, sie wird schlafen gehn,
erwacht erneuert wieder.
Die Herde dort am Waldesrand
treibt heimwärts jetzt der Schäfer
bis Frühlingswind und Sonnenstrahl
küßt wach die müden Schläfer.
Dann sprießt er aus der Erde Schoß,
in hunderttausend Blüten.
Es wächst das Gras, es grünt das Moos,
der Hirt wird seine Lämmer hüten.

Geschenk einer Nacht

Träumen draußen in der Natur,
irgendwo auf freier Flur,
erwartend die Nacht.
Sehen wie der goldne Mond am Himmel steigt,
wie langsam Stern um Stern sich zeigt
und ein Mensch, der mit mir schaut und schweigt.

Begegnung im Herbst

Herbstlich weht der Wind und rauh.
Am Stadtrand, wo zwei Straßen sich verbinden,
da trafen sich ein Mann und eine Frau,
die keine Ruhe finden.
Sie waren einsam in dem Stadtgewühle,
so flohen sie nun in die Stille
und nahmen ihre Einsamkeit auch mit.
Auf Asphalt, da verhallt ihr Schritt.
Sie gingen nun den gleichen Weg
und gleiche Last sie tragen.
Ein freundlich Wort ist schon ein Steg,
ein Trost in trüben Tagen.
Doch kommt nichts mehr zum Klingen,
die Saiten sind schon längst zersprungen.
Zu spät, um noch nach Glück zu ringen,
es gibt nur noch Erinnerungen.
Hier war sie schon als Kind
und sie sprang mit leichtem Fuß.
Hier war sie auch beim ersten Kuß,
jetzt zaust im grauen Haar der Wind.
Am Waldrand ästen Rehe und Fasane
und leichter Nebel stieg schon auf.
Schweigend standen sie nun unter einer Tanne,
dann gingen langsam sie den Hang hinauf.
Es schlich herbei die abendliche Kühle
und nach Wärme sehnten sich die zwei.
Doch es kamen nicht der Liebe mächtige Gefühle,
für sie war diese Zeit vorbei.
Ein Vogel piepste leis noch in den Zweigen,
längst verklungen waren seine Lieder.
Ein Händedruck, dann trennten sich die beiden
und keiner sah den andern wieder.

Der erste Schnee

KleinDominik steht vor dem Haus.
Wie sieht die Welt denn heute aus?
Wer hat sie heute Nacht
ganz und gar so weiß gemacht?
Ist das sauer, ist das süß,
ists ein Leckerparadies?
Papa sagt, man nennt es Schnee,
komm schon Dominik und geh.
Der Kleine stapft ins Weiß hinein
und sein Hund folgt hinterdrein.
Dann laufen beide, Kind und Hund
fröhlich in dem Garten rund.
Fällt man hinein, tuts gar nicht weh,
Papa sagt, man nennt das Schnee.
Noch eine Weile geht das Jagen,
dann hört man den Kleinen klagen,
Mama, husch, husch, weh, weh!
Wie kalt ist doch der Schnee.
Eine Erfahrung reicher ist das Kind,
wie nah Lust und Schmerz beisammen sind.

Schnee

Als ich aus dem Walde trat,
das braune Laub noch an den Schuhen,
schnuppernd auch den würzigen Duft,
kam ein weißer Flockenwirbel, tanzend durch die Luft.
Ich genoß die Stille
und ließ meine Augen ruhn
auf dem weiten Land,
das unter einer weißen Hülle
allmählich ganz verschwand.
Dann mußt ich heimwärts gehen,
im Schnee noch meine Spur.
Ich habe heut gesehen
ein Wunder der Natur.

Die Botschaft

Weihnacht hat an Wert verloren.
Die Botschaft dringt an taube Ohren.
Das Wort vom Frieden steht im leeren Raum
und bleibt so lang die Welt besteht wohl nur ein Traum.
Da ist der Bruder seines Bruders Feind,
weil Neid in seiner Seele keimt.
Die Völker reden nur vom Frieden
doch keines schafft ihn je hinieden,
wenn alle nur in Waffen starren
und weiter noch darin verharren.
Ist irgendwo ein Krisenherd,
sind diese Waffen sehr begehrt.
Sie sollen dort dem Frieden dienen,
die Menschen sterben in den Minen.
Ihr sagt, daß alles für den Frieden sei.
Die Antwort ist ein Schmerzensschrei.

Am Mahnmal

Eng, Zeile an Zeile,
sind Eure Namen eingemeißelt in den harten Stein,
doch ihr wolltet leben.
Ihr wolltet keine Helden sein.
Einen Tag im Jahr gedenkt man Euer
und bindet Euch auch einen Kranz.
Nach einer Trauerrede mattem Glanz
folgen dreihundertvierundsechzig Tage,
an denen man rüstet für den Fall, es gäbe wieder Krieg.
Dann dürfen Eure Enkel sterben für den Sieg.

Das Erbgut

Die Wissenschaft, sie spricht von Gen und Chromosomen,
so sei die Art des Lebens vorbestimmt.
Ich horch in mich hinein,
was von vergangenen Generationen
noch an Erbgut in mir schwimmt.
Erst hol ich mir den Spiegel vor
und forsche, ob mein rechtes Ohr
dem des Vaters oder dem der Mutter gleiche.
Wieweit mein Profil noch eine Ähnlichkeit erreiche
mit dem der Frau, die mich geboren.
Was blieb von ihr, was ging verloren?
Was hat der Vater mir für dieses Leben
von seinem Wesen mitgegeben?
Vieles ist mir anerzogen,
anderes vom Leben auch geprägt.
So hab ich dies und jenes abgewogen,
doch ob man selber alles richtig wägt?
Was steckt in mir von meinen Ahnen
an Liebe, Zorn und sonstigen Gefühlen?
Soll ich in ihren Lebensbahnen,
in längst vergangenen, noch wühlen
wie sie waren? Was wird dann darüber klar?
Ich bin ein Zweig von ihrem Stamm
und auch wie sie ein Einzelexemplar.

Die Zeit

Die Zeit, sie steht nicht still,
niemals ist sie mein.
In ihren Bann fängs sie mich ein
und treibt mich ohne Ruh,
dem Meer der Ewigkeiten zu.

Die Schöpfung

Glühende Gestirne
und Dunkelheit im All der Welt.
Darin ein Saphir, unsere Erde,
die Gott in seinen Händen hält.

Es werde, war sein Wille!
Er gab das Licht, den Sturm und auch die Stille,
er ließ sprudeln hell die erste Quelle
und ließ werden auch die erste Zelle.
Er ließ füllen dann den weiten Raum
mit jeglichem Getier, mit Strauch und Baum.

So wurde auch der Mensch.
Ihm gab er Geist, die Erde sollte ihm gehören.
Doch mit dem Geist gab er auch Macht.
Was der Schöpfer einst so gut gemacht,
der Mensch kann es zerstören.

Die Erde unsere Welt

Unser Brot wuchs auf der Ähre,
die Wolke uns das Wasser gab,
oh daß es immer rein doch wäre,
für den Trank und unsere Lab.

Unser Leben ist die Erde
und die Sonne gibt uns Licht,
dringst du ein in deren Herde,
störst o Mensch das Gleichgewicht.

Mensch, versuche nicht die Kräfte,
die du nicht beherrschen kannst.
Schwör nicht herauf die bösen Mächte
für der Erde Totentanz.

Trost

Deine Augen sind gerötet noch vom Weinen.
Du denkst, es dürfte heut die Sonne nicht mehr scheinen.
Du verbirgst dich vor ihr in deinem Schmerz.
Doch wenn die Sonne heute scheint,
so bringt sie Licht zur Stunde in ein anderes Herz,
das gestern noch geweint.
Vielleicht, daß morgen schon eh du's gedacht
auch dir die Sonne wieder lacht.

Vergangenheit

Vom gestrigen Tag das Kalenderblatt,
ich reiß es ab und leg es beiseite.
Es war in meinem Leben auch ein Tag,
so wie morgen schon das Heute.

Weisheit

Wer weise ist, der ist still.
Die Weisheit verträgt keinen Schrei.
Wenn einer sich als weise zeigen will,
da ist es mit der Weisheit schon vorbei.

Das Gewissen

„Ein gutes Gewissen ist ein sanftes Ruhekissen!"
Besser ein schlechtes Gewissen zu haben, als gar keines,
denn ein schlechtes Gewissen ist der erste Schritt
zur Reue und Wiedergutmachung.

Menschliches

Der Mensch entdeckt in einem geliebten Tier
so viel Menschliches.
Ein gequältes Tier erfährt durch den Menschen
so viel Unmenschliches.

75. Geburtstag

Er schenkte mir Rosen,
leuchtend rote Rosen.
Für jedes meiner Jahre eine.
Meine Hände zitterten vor Freude und Glück.
Eine Träne perlte über meine Wangen,
sie fiel auf eine der Blüten.
Im Lichte der Sonne ward sie wie Tau am Morgen
und zum Edelstein,
zum Edelstein der Liebe.

Geborgen in der Liebe

Du hieltest meine Hände
in den lichtdurchfluteten Sonnentagen
und in den leiderfüllten bitterkalten.
Neigen sich meine Tage zum Ende,
du solltest mich immer lieb haben
und meine erkaltenden Hände halten.

Es gibt Stunden

Es gibt Stunden, die sind so schön,
in denen das Herz viel höher schlägt,
wenn unterm eigenen Herzen sich neues Leben regt.
Es sind soviel Wonnen, soviel Glück,
es spiegeln sich alle Sonnen in einer Mutter Blick.

Es gibt Stunden, die Golgatha gleichen,
die so endlos und grausam sind,
wo alles Glück der Erde will weichen,
wenn eine Mutter weint um ihr Kind.

Flämmchen

Flämmchen in dem kleinen Nachen,
ringsum ein hoher Wall.
Nachen schwimmet auf klaren Wassern,
drin spiegelt sich ein Bergkristall.

Kristalle leuchten, funkeln,
bricht sich darin des Lichtes Strahl.
Ohne Glanz sind sie im Dunkeln
und mancher ist auch hart wie Stahl.

Durch Flämmchen scheint der Stein zu glühen
in dem verborgnen Raum.
Hoch darüber Sterne ziehen,
Flämmchen träumt und merkt es kaum.

Am Abend

Es rieselt der Regen,
draußen ists kalt.
Es wird immer trüber
und es nachtet schon bald.
Ich sitze im Zimmer,
im schützenden Heim.
Von der Laterne gegenüber
fällt ein Lichtschein herein.
Das Bild meiner Mutter in dem Lichte nun steht
und ein Hauch ihrer Liebe den Raum nun durchweht.
O Mutter, o Kindheit,
wie bist du so ferne, so weit.

Mutter, verstand ich oft nicht deines Alters Last,
weil mir so vieles wichtig schien,
ich weiß, daß du es vergeben hast.
Vergessen und verziehen!

Zur Hochzeit

Ich möchte dieses Glas euch reichen,
es soll stets sein mit Glück so voll.
Das möge nimmer von euch weichen,
kein Schmerz es trübe und kein Groll.

Doch sollt es sein, es wär ein Tropfen
von bittrem Wermut in dem Glas,
leert es behutsam, nicht dran klopfen.
Glück und Glas, wie leicht bricht das.

Sehnsucht

Heute Nacht suchst du vergebens die Sterne.
Heute Nacht sind sie verhüllt.
Ein Lichtstrahl taucht auf und erlischt in der Ferne.
Deine Sehnsucht bleibt ungestillt.
Dein Herz ist so bang.
Dunkle Nächte sind lang.

Ruhendes Leben

Das Kind mit rosigen Wangen,
es schläft dem Morgen entgegen.
Nicht des Todes Bruder ist der Schlaf,
er ist ruhendes Leben.

Im weichen Gras ein Mädchen liegt.
Die wohlgeformten Brüste
leicht im Schlaf sich heben,
Zeichen vom ruhenden Leben.

Der Mann dort auf dem Lager,
seine Muskeln sind entspannt.
Neue Kräfte wird ihm geben
das ruhende Leben.

Eingenickt im Lehnstuhl ist der Greis,
ein Lächeln auf den Lippen,
die sich im Traum bewegen.
Das ist ruhendes Leben.

Wenn ich ein Vogel wär

Wenn ich ein Vogel wär,
würde ich schweben hoch übern Turm.
Ich bin nur ein Wurm.
Wenn ich ein Vogel wär
und müde vom Fliegen,
ließ ich mich nieder
hoch auf dem Baum.
Der würde mich wiegen
bis tief in den Traum.
Wenn ich ein Vogel wär,
dann wären mir Lieder gegeben.
Ich könnte bejubeln das Leben
und klagen im Schmerz.
Es läge die Welt mir zu Füßen,
ich würde den Morgen begrüßen
und den Tag, mit seinem schimmernden,
gleißenden Licht.
Wäre es zu Ende,
könnt nicht mehr jubeln, nicht klagen,
würden liebende Hände
den toten Vogel begraben.
Ich bin als Wurm nur geboren
und lebe im Dunkeln.
Kann nie das Schöne erreichen,
möcht ich der Erde entweichen,
mich am Nachttau zu laben,
droht mir der Sense gefährlicher Schnitt.
Hab nicht Flügel, nicht Stimme,
kann mich nur krümmen
unter dem tödlichen Tritt.
Bin als Wurm nur geboren,
liege zwischen Grashalm und Laub,
da muß ich verdorren in der Sonne zu Staub.

Keine Eile

Bitte, wie kommt man am schnellsten zum Pulverturm?
Fragt die Schnecke einen Wurm,
denn dieser weiß es besser.
Er sagt: Am Wege sei ein groß Gewässer,
dann geht es steil den Berg hinan.
Schaffst du das mit deinem großen Caravan?

Die Schnecke, die sehr weise
flüstert dann ganz leise:
Ich nehm mir einen Kahn
und geht es dann bergan,
da ist es nicht mehr weit,
da nehm ich mir die Zeit!

Im Herzen

Ich hab in meinem Herzen
noch ein kleines Erkerzimmer,
mit rosa Tapeten
und einem Sofa im zartesten Blau.
Das kann ich immer betreten,
wenn die Welt mir scheint so trübe und grau.
Hab ich in solchen Stunden,
die voll Zweifel und Fragen sind,
den richtigen Weg gefunden,
dann stell ich mich dem Wind.

Das Labyrinth

Das Leben geht oft verschlungene Wege.
Du glaubst,
du findest aus dem Labyrinth nie mehr heraus.
dann ein Licht,
eine hilfreiche Hand.
Da sind Brücken und Stege,
du findest doch noch nach Haus.

Vieles bleibt oft ungesagt

Vieles bleibt oft ungesagt,
ungenützt die Stunden.
Es frißt sich fest in dir, es gärt und schwillt,
bis es eines Tages überquillt,
sich bahnbrechend, unaufhaltsam, unberechenbar
und diese Spur schlägt Wunden.

Ein Mensch

Ein Mensch, er stand um Mitternacht
am Strand, am brausenden Meer
und hat darüber nachgedacht,
wo komm ich her.
Es braust in mir
genau wie hier
der Urquell allen Seins.
Das Meer, es spülte Gischt an Land,
der Mensch nahm eine Hand voll Sand
und war mit allem eins.

Einmal warst du hier zu Haus

Suchst du die Stätte deiner Kindheit auf,
tu es allein.
Nur du kannst davon noch träumen.
Du weißt, hier stand ein Baum
und hier das Haus.
Du gehst im Geiste durch die alten Räume
und schaust auch so zum Fenster raus.
Was du jetzt denkst
kann keiner mit dir teilen.
Er sieht ja nur die Gegenwart,
er will nicht lange hier verweilen.
Für ihn ist es ein leerer Platz,
für dich doch ist's Erinnerung,
in deinem Herzen ein verborgner Schatz.

Ernte

Du denkst, du hättest gut gesät
in deines Lebens Garten.
Der Andere, der die Ernte mäht,
möcht oftmals mehr erwarten.

Mondnacht am Meer

Am Himmel steht der helle Mond,
zieht langsam hin zum Horizont.
Wo tausendfach sein Licht
im leicht bewegten Meer sich bricht.
Nun legt die Nacht sich in die Flut
bevor die Sonne steigt zu voller Glut.

La Manga

La Manga, du liegst
wie ein Schiff vor Anker
an Spaniens roter Erde.
An deinen Flanken, den schlanken,
pulsieren die Meere.
Steigt aus dem Mar Mediterraneo
am Morgen die Sonne empor,
versinkt sie am Abend
alles verzaubernd hinter dem Mar Menor.

Sie schickt noch zum Himmel den letzten Strahl,
es leuchtet das Meer in Gold und Opal.
Ich tauche in die Fluten,
nehme in dem Gold noch ein Bad,
da leuchtet der Mond schon vom Himmel herab.
Es folgt eine Nacht, so lau und so lind.
Die Palmen fächeln im Wind.
La Manga!

In Cartagena

Auf kaltem Stein, am düsteren Portal,
saß die junge Mutter,
ihr Kindlein an der Brust.
Fast selbst noch Kind,
schon das Opfer einer Lust.
Die großen, dunklen Augen schauen traurig in die Welt.
Die Menschen gehn vorbei und keiner hält
sie, die auch des Menschen Antlitz tragen,
eines Blickes wert.
Die Damen mit den hochgeschlitzten Röcken
und den Stöckelschuhen
gehn fröhlich plaudernd weiter (tack, tack, tack),
zur nächsten Cafeteria...

Ausgesetzt

Einst war sie klein, drollig und verspielt,
Spielgefährtin für ein Kind.
Doch das Spielzeug wurde groß.
Ausgesetzt war nun ihr Los.
In einem Erdloch hausend wie die Ratten,
lebt die ausgestoß'ne Hündin mit den Jungen.
Nachts streift nahrungsuchend sie umher,
denn jetzt sind ihre Zitzen leer.
Ich habe sie gesehn im fahlen Mondlicht,
nah am Strand.
Lautlos huschten sie wie Schatten,
der Mutter folgend,
die im Dunkeln dann verschwand.
Manche Menschen zeigen Herz für diese Kreatur.
Doch helfen können sie ein Weilchen nur,
dann müssen sie zurück nach Haus.
Sie gehen zu der Tiere Lagerstatt
und streuen täglich Futter aus.
Die Hunde werden endlich wieder satt.
Freudig bellend und nach Liebe heischend,
werden die Helfer stets begrüßt.
Traurig läßt der Mensch die Hunde dann zurück,
wissend, daß nur kurz das Glück,
vielleicht daß es der Hunde letzter Sommer ist.
Herrenlos und doch nicht frei,
denn irgendwann fängt man sie ein.
Was wird dann ihr Schicksal sein?

Der Einzelgänger

Ein Mensch, der ein Einzelgänger war,
und dessen Haus im Schatten lag,
begab sich plötzlich - auf eigne Rechnung und Gefahr,
inmitten einer fröhlichen Schar.
Die war auf der sonnigen Seite.
Der Mensch, er machte sich selber vor,
daß es ihm Freude bereite
und daß er bis heute fror.
Die Andern, die waren im Sonnenlicht,
sie lachten und schwammen im silbernen Meer,
sie sahen ihn nicht.
Wozu kam er her?
Er hat nicht daran gedacht,
daß er die Kühle mitgebracht.
Der Mensch, er hat sich selber betrogen,
er ist wieder in den Schatten gezogen.

Besuch in München

Nach vielen Jahren bin ich wieder nach München gefahren.
Wollte durch die Straßen gehn, alte Bekannte wiedersehn.
Wie alles sich verändert hat, die Menschen dort und auch die Stadt.
Wie ich mich auch umgeschaut, nichts mehr von dem, war mir vertraut.
Auch bei den Leuten war mir klar, daß nichts mehr so wie früher war,
so wie ich hier einstens lebte, eh' die Stadt durch Bomben bebte.
Da kehrt ich heim zu meinen Lieben, bin wohl auch nicht dieselbe geblieben.
Die Stadt ist neu, die Stadt ist jung,
das andere bleibt Erinnerung.

Der Einsame

Da sind Nächte,
die so einsam sind,
wo dunkle Mächte
in der Seele brennen.
Ich suche nach des Lebens Sinn
und kann ihn nicht erkennen.
Ich stehe vor verschloss'ner Tür,
möcht dran mit Fäusten hämmern.
Allmählich schleicht der Tag herfür
und mit seinem Morgendämmern
bringt er auch Licht zu mir.
Bin ich auch fern von Weib und Kind,
ich setze jetzt die Segel aus,
das Schiff bringt mich aufs Meer hinaus,
ich segle mit dem Wind.
Muß ich einst verlassen diese Welt,
keine warme Hand mich hält,
dann stell ich mir die Frage,
soll ich meine letzten Tage
mich meinem Schiffe anvertraun,
noch einmal zum Himmel schaun,
dann das Schiff und auch mein Leben
dem geliebten Meere geben.

Herbst auf La Manga

Plötzlich bin ich aufgewacht,
das Meer braust tosend an den Strand.
Sturmgepeitscht die Palmen stehn
in der Oktobernacht.
Eilig übers Meer
ziehn die Wolken regenschwer.
Da macht der Mond sein Fenster auf,
schaut auch dem Spiele zu.
Ich winke jetzt zu ihm hinauf,
wir sind gleich du und du.
Er schwebt in der Unendlichkeit,
ich bin ein Kind der kurzen Zeit.
Er kennt der Welten Urgewalten,
sah die Erde sich entfalten.
Lächelnd zieht er nun den Vorhang vor,
bei ihm steht jetzt ein Stern.
Auch ich leg mich nochmal aufs Ohr,
denn der Morgen ist nicht fern.
Abschied nimmt der Sommer hier,
verlassen ist der Strand,
es ist Zeit, daß ich zurück auch kehr,
in das ferne Heimatland.

Der verlassene Strand

Auf weichen Sand laß ich mich nieder.
Der Wind, er zeichnet leichte Wellen in den Sand.
Des Meeres Wogen überstürzen sich am Strand.
Kühl streicht der Wind nun über meine Glieder.
Als feine Sichel hängt am Himmel schon der Mond
und ein weißes Segel entschwindet fern am Horizont.

Dem Jugendfreund

Wie der Herbst sein Gold verstreut,
über Blatt und Frucht im Jahr,
durchzieht auch mancher Silberstreif
schon unser blondes Haar.
Da wird es still,
man liegt oft wach im Traum
und denkt an viel,
was längst getrennt durch Zeit und Raum.
Es war der Sommer, schön und gut,
mit Regen und mit Sonnenglut
und auch mit Glück bemessen,
doch wird man seinen Wonnemond
im Leben nie vergessen.
Weißt du es noch, die Nacht war lind,
der Duft so süß, dort auf der Bank am Bach im Gries?
Die Liebe wand mit zarten Banden,
als unsere Lippen scheu zum ersten Kuß sich fanden.
Wir waren glücklich du und ich,
die Lieb schien ohne Grenzen.
Ich dacht' sie währte ewiglich,
mit meinen siebzehn Lenzen.
Es ging alles vorüber,
auf einmal war alles vorbei.
Doch es war unsere Jugend,
es war unser Mai.
Es ist kein Kettlein zerrrissen,
kein Ringlein zersprang,
aber ein Herz hat gezittert,
war einsam und bang.
Die Jahre vergingen, es lachte wieder ein Glück,
doch denkt man auch gerne an das erste zurück.
Träumst auch du noch manchesmal von mir

und jenes Maien Wonne?
Von ganzem Herzen wünsch ich dir
des Herbstes goldne Sonne.

Einmal sind wir alle gleich

Ich kam aus einer armen Mutter Schoß.
Ich wurde wie die andern groß,
nur mit dem einen Unterschied,
daß manche, die mich damals mied
wie eine arme Ratte,
es im Leben leichter hatte.
Eines weiß ich ganz genau,
sie ist wie ich jetzt alt und grau.
Sind an Gütern sie auch reicher,
im Alter wird man immer gleicher.
Ein freundlich Wort tut manchem wohl,
der es früher selbst nicht wollt' verschwenden.
Es ist ein Ort, es kommt ein Tag, da werden alle enden
in dem dunklen Totenreich.
Dann sind sie und ich ganz gleich.

Erkenntnis

Vater und Mutter,
sie waren arm.
Sie konnten mir nur das Leben schenken.
Zwei Füße um der Arbeit nachzugehen,
zwei Hände um diese zu tun
und sonst nichts.
Sonst nichts?
Aber doch,
einen Kopf um darüber nachzudenken,
daß die anderen, die wohlgeboren,
gut zu leben geruhn
von dieser Arbeit,
welche die Kinder der Armen tun.

Wir wurden alle nackt geboren

Es kam nur darauf an,
in welches Bett man uns gelegt.
Was wir mit der Muttermilch gesogen
und wie wir sonst geraten.
Ob einer auch die Welt bewegt
mit guten oder bösen Taten.
Nur wenigen ist es vorbehalten,
von denen später noch die Chronik spricht.
Die Vielen müssen diese Welt erhalten,
daß sie nicht zusammenbricht.

Ansprache an einen Neugeborenen

Kind, jetzt bist du geboren,
entwandest dich der Mutter Schoß.
Ob du erwünscht warst oder nicht,
dein Aug' erblickt der Erde Licht.
Dein Mund, er öffnet sich zum ersten Schrei.
Du schreist und du willst leben.
Man wird dir einen Namen geben,
bald wird man erwarten, daß du lachst,
deinen Eltern Freude machst.
Du sollst wachsen, lernen, gut sein in gar vielen Sachen.
Vielleicht auch einmal Karriere machen.
Was du auch tust, du mußt dich wehren,
sollst du nicht später Straßen kehren.
Sollte es sein, du wärst zu Höherem berufen,
könntest aufsteigen zu den höchsten Stufen,
vielleicht wirst du im Sport den Lorbeer ernten.
Kannst auch Doktor, Künstler, Politiker werden.
Was es auch sonst noch gibt im Leben,
nie sollst du eines Feldherrn Macht erstreben.
Ohne Schuld sollst du stets aufrecht gehn,
wenn irgendwo Mütter an den Gräbern ihrer Söhne stehn.

Grabrede einer Verstorbenen

Versenkt mit diesem Schrein
mein Erdenkleid, mein morsch Gebein.
Ich stehe nun vor Gott,
meine Seele noch in Not.
Es möge trauern, wer mich geliebt,
mir verzeihen, wen ich betrübt.
Als der große Schatten kam
und mich in seine Arme nahm,
da hab ich mich nicht aufgelehnt.
Ja, ich habe mich gesehnt,
daß man mich bald hierher bringt,
zu meinem Gatten, meinem Kind,
wohin kein Schmerz, kein Laut mehr dringt.
Hier find' ich meine Ruh.
Schließt nun die Erde zu.
Übern Hügel weht der Wind,
wenn einer hier vorüber geht,
dann sprech er ein Gebet
für alle, die da unten sind.

Die Sterbende

Ich weiß was Liebe ist, was Lust ist und was Leid.
Ich kenne die Not, die Sorge, das Glück.
Ich fühle den Schmerz.
Weit liegt die Hoffnung zurück,
nach Ruhe sehnt sich mein Herz!

Ein Haus wird abgerissen

Krachen, bersten hör ich heute.
Ketten knarren in den Ringen.
Laster warten auf die Beute,
die sie in eine Grube bringen.
Baggerzähne zerreißen, was einst so wohl gefügt.
Ist keiner da, der eine Träne des Abschieds
still im Aug zerdrückt?
Ob jemals drin ein Kind geboren,
ist einer drin gestorben?
Vielleicht, daß jemand glücklich war
vom Liebsten sanft umworben.
Es war ein Heim, nun muß es weichen.
Der Wohlstand fordert Häuserleichen
und baut für eine Spanne Zeit
im neuen Stil Geborgenheit.

Die Begegnung

Ein Junge sprach:
Mutter, ich habe eine Fremde gesehn,
vor dem alten Brauhaus blieb sie stehn
mit verträumtem Blick.
Es schien, als dächte sie weit zurück.
Was hoffte sie hier zu finden?
Ich wollte es gerne ergründen,
so trat ich zu ihr
und fragte, was suchst du hier?
Dies Haus ist so alt und es steht leer,
seit Jahren wohnt hier keiner mehr.

Sie sagte, während sie immer noch schaut,
mir war es einmal sehr vertraut.

Hinter den Fenstern, die heute so blind,
lebte ich einst als glückliches Kind.
Mit Eltern und Bruder waren wir vier,
der Vater, er braute ein köstliches Bier,
es duftete nach Malz, das mochte ich gern.
Ich meine es jetzt noch zu riechen, obwohl es so fern.
Ein halbes Jahrhundert floß nun schon dahin,
doch kehrt oft zurück mein Denken, mein Sinn
zur Stätte der Kindheit, die es einmal nur gibt.
Ich habe dieses Haus, die Bäume geliebt
und oft hör ich im innigen Lauschen
die alten Kastanien rauschen.
Ich sehe in meinen Träumen
den Mond hinter den mächtigen Bäume.
Es war in diesem Haus auch Armut und Not,
die Eltern kämpften ums tägliche Brot.
Das Brauhaus wurde geschlossen, kein Bier mehr gebraut.
Der Vater ohne Arbeit, er war abgebaut.
Es war Inflation, Vaters letzter Lohn
für Juli 1923 war mehr als eine Million
und doch reichte es nicht aus,
unsere hungrigen Münder zu stopfen.
Es duftete auch nicht mehr nach Malz und nach Hopfen.
Die Not war so groß, so schwer war das Leben,
es mußten die Eltern uns Kinder weggeben.
Man schnürte unser Bündel und brachte uns fort,
so verließen wir diese Stätte, unserer Kindheit Hort.
Drei Jahre später trug man den Vater hinaus.
Die Mutter ging, kein Mensch blieb im Haus.
Die Bäume ringsum sind längst schon gefällt,
auch das Haus wird bald fallen, so vergänglich ist die Welt.

Ja, Mutter, so sprach diese Frau,
sie weinte sogar, ich sah es genau.

Erlebnis im Wald

Zum Walde bin ich hochgestiegen,
auf schmalem Pfad, vom Nebel noch umfangen.
Den Alltag ließ ich liegen, bin einfach losgegangen.
Unten ist so laut die Welt,
will hören, was der Wald erzählt.
Ganz feierlich ward ich empfangen,
mit Vogelsang und Rauschen,
vom fernen Dorfe Glockenklang,
hier will ich gerne lauschen.
Beleuchtet wird die Szenerie
vom Tagesstern, der Sonne.
Ich freue mich, genieße sie,
die Stunde voller Wonne.
Gebündelt fällt das Licht hier ein,
bricht sich in vielen Farben,
macht den Tau zum Edelstein,
ein Meer von Strahlengarben.
Ich nehme auf dem Boden Platz,
mit Moos gepolstert ist die Loge.
Das Eichhörnchen dort auf dem Ast
stellt sich vor mir in Pose.
Der Baum, an den mein Haupt ich lehne,
ist hundert Jahre alt.
Von ihm kann ich genau vernehmen
von seinem Leben in dem Wald.
Ein Raunen nun beginnt,
es knarrt auch im Geäst,
die Blätter fächeln leicht im Wind,
ein Reh dort auf der Lichtung äst.
Ich bin ganz Ohr, ich halte still,
hör was der Baum mir sagen will.

Es sprach der Baum.
Ich war noch klein, es hat geschneit,
ich war erstarrt in Bangen,
doch Weihnachtsmann und Weihnachtszeit,
sie sind vorbeigegangen.
Schön waren sie, die Jugendjahr,
und als ich dann erwachsen war
ward ich geschmückt mit Zapfen.
Jetzt war die Weihnachtszeit auch schön
und frohe Gäste kamen.
Kreuzschnabel zog als erster ein,
er nährte sich von meinem Samen.
Ich wurde stark, so sprach weiter nun der Baum.
Ich streckte mich nach oben,
so fand auch bald ein Käuzchen Raum
in der Etage droben.
Der Specht, er macht' mir wenig Freud,
durchbohrte meine Rinde.
Er baut' sein Nest mir in den Leib,
wohnt drin mit Frau und Kinde.
Auch bei meinen Wurzeln war was los,
der Fuchs baut' eine Grube
und zog viele Füchslein groß,
dort unten in der Stube.
Ein Jäger kam mit seinem Hund.
Mir tat so leid Reineken,
sein Bau lag tief im Untergrund,
doch endet' es mit Schrecken.
So manches Reh sah ich verenden,
vom wilden Hund gerissen.
Ein Reh fänd besser doch sein Ende
von gutgezielten Schüssen.

Wanderer, mir geht es so wie dir,
kann meinen Tod nicht wählen,
am liebsten aber wär es mir,
würd' mich der Sturmwind fällen.
Was Menschen jetzt der Umwelt tun,
das wäre nicht vonnöten.
Es scheint, daß sie nicht eher ruhn
und sich und mich noch töten.

Erlebnis im Wald

Das Bächlein

Kleines helles Bächlein,
springst hurtig über jeden Stein,
ziehst weiter eilig hin.
Küßt das Moos im dunklen Grün,
grüßt die Bachstelze, die kesse,
tränkst Dotterblumen, Brunnenkresse.
Schlängelst dich durch grüne Wiesen,
wo die Schmetterlinge grüßen.
Beim frohen Tanze der Libelle,
nimmst auf noch eine lustige Quelle.
Bruder Graben kommt dann noch zu dir,
aus dem nahen Forstrevier.
Ihr zieht fröhlich plaudernd weiter,
du bist größer und auch breiter.
Es kommt dann noch und noch ein Graben,
die dir viel zu sagen haben,
einer möcht dich zärtlich kosen,
bringt dir Blätter von den Rosen.
Nirgends werdet ihr verweilen,
immer eilen, immer eilen.
Jetzt triffst du den schwarzen Bach,
vermählst dich ihm, o weh, o ach.
Er bringt mit den Schmutz der Stadt
und so manches faule Blatt.
Dein bräutlich Kleid, das silberhelle,
wird braun gefärbt an selbiger Stelle.
Über euch der Himmel blaut,
jetzt werdet ihr noch aufgestaut,
dann zieht ihr weiter träg' dahin
und ergießt euch in den Inn.

Könnt ich mein Leben noch einmal beginnen

Könnt ich mein Leben noch einmal beginnen,
noch einmal das kleine Mädchen sein,
ich würde meine Blumen dem Vater und der Mutter bringen,
den Strauß, den ich gepflückt am Wiesenrain.

Ich würde wieder meine Hände falten
und beten, lieber Gott bewahr die Eltern mir.
Laß ihre Hände nicht zu früh erkalten,
das erflehe ich von dir.

Ich würde fröhlich meinem Ball nachjagen,
Kastanien sammeln unter den Bäumen.
Am Abend gute Nacht, lieb Vater und lieb Mutter sagen
und selig bis zum Morgen träumen.

Kinderreim

Komm, komm Pustewind,
die Mutter hat gewaschen.
Spiel mit den Spitzen leicht und lind,
spiel mit den Hemden haschen.
Blas auch die Kissen tüchtig auf,
damit sie sich recht bauschen.
Komm doch schnell, ich warte drauf,
möcht deinen Stimmen lauschen.
Wir laden auch die Sonne ein
zu diesem lustigen Reigen,
wenn meine Mutti Waschtag hat,
soll sie sich freundlich zeigen.

Stoßseufzer

Ach wär ich doch ein Asiate,
dann läge ich auf einer Matte
mit einer jungen Nebenfrau.
Die Alte sorgt für Stall und Sau.

Oh, es wär nicht auszudenken,
die Junge müßt mir Söhne schenken,
die dann in meinen alten Tagen
für mich des Hauses Lasten tragen.

Wären die Gelenke steif
und ausgetrocknet die Gedärme,
so gäb ein Enkel sametweich
noch meinen Gliedern Wärme.

Der schmiegte sich an meine Lenden,
die nie mehr können Freude spenden
auf daß von diesem jungen Blute
noch etwas Wärme mich durchflute.

So denk ich, wenn mit großer Mühe
ich an meinem Joche ziehe.
Man müßte weit nach Osten gehn,
denn so ein Asiat hat's schön.

Mutter

Mutter, warum erscheinst du nun im Traume mir so oft?
Hast du die Ruhe nicht gefunden, die du dir erhofft?
Was ist es, Mutter, was dich so bedrückt?
Du bist doch längst der Erdenqual entrückt.
Du gingst in Gott und Frieden einst von hinnen.
Ich ließ dich betten auch in weißes Linnen,
legte Rosen dir noch in den Sarg,
der deinen entseelten Leib nun barg.
Von nun an blieb dein lieb Gesicht für immer mir verhüllt.
Du hast ausgelitten, so hab ich den Abschiedsschmerz gestillt.
Was du in meinen Träumen wolltest sagen,
ein Rätsel wars mir noch vor wenigen Tagen.
Dein Sohn Albert und sein Weib,
sie haben Böses sich ersonnen,
eine Geschichte dann gesponnen,
die dich für ewige Zeit an diese Welt soll binden.
Sie lassen deine Seele keine Ruhe finden.
Die Schwiegertochter ihren Haß schon 50 Jahre nährt.
Verhieltest du dich fehl, so ist es längst verjährt.
Sie, die den lieben Gott so oft im Munde führt,
sie kennt kein Verzeihn, dein Sohn, der viele Briefe
an die liebe Mutter schrieb, er half dein gut Gedenken nun entweihn.
Er hat an deinem Sterbebett deinen Segen noch empfangen,
doch traf er nicht sein Herz, ungerührt ist er von dir gegangen,
er fühlte keinen Abschiedsschmerz.
Deine Ehre haben sie verkauft, für Geld,
dazu des Vaters guten Namen ausgewählt.

Ewige Treue

Seit mehr als dreißig Jahr'
sind Hans und Gret ein Ehepaar.
Sie haben ewig Treu sich g'schworn
und sind auch niemals sündig word'n.
Sie werkeln fleißig, die zwei Leut,
für d'Sünd, da bleibt auch keine Zeit.
Zur Nacht gehn sie zusamm ins Bett,
sie fänd auch einen andern nett.
In ihrem Schoß stillt er die Lüste
und träumt von einer andern Brüste.
Er sieht im Geiste Superbeine.
Sie hält ihn wachsam an der Leine.
Er schwört, für ihn gäb es nur sie
und streichelt zärtlich sie am Knie.
Jeder denkt, es ist doch so,
ein Fremdgang ist ein Risiko.
Bevor sich einer darein stürzt,
ißt er lieber schwach gewürzt.
Geistig untreu macht nicht Mühe,
sie schlafen ruhig bis zur Frühe.
Es geht dahin so manches Jahr,
schon sind sie ein Jubelpaar.
Die Treue wird sie weiter binden
und die Säfte sind im Schwinden.
Er schafft das Geld, sie hütet's Haus,
drum brennt's auch nie zum Dach hinaus.
Der See ist still, es geht kein Sturm,
drum gibt es keine Wogen.
Sie lieben sich, betrügen nie,
alles ist jetzt ausgewogen.

An eine Schwiegertochter

Hast du einer Mutter Sohn dein Ja gegeben,
wird vieles anders sein im Leben.
Du hast einen Teil von ihr genommen,
ihn, den sie einst nach Wehen in den Arm genommen,
gehegt, gepflegt, er läßt sie nun zurück.
Er sucht bei dir sein Glück.
Sie wird prüfen, ob du seiner würdig bist.
Sie wird dir sagen, daß man nicht nur küßt.
Du mußt sorgen, daß er an seinem Leibgericht
sich kann laben, sein Hemd gebügelt,
die Socken keine Löcher haben.
Sie wird dir zeigen, wie man ein Kind erzieht,
daß alles so wie sie es kann geschieht.
So manches kann gut sein, dir zu nutzen,
doch nie sollst du, wie sie es tat, seine Schuhe putzen.
Du und er, ihr müßt selber eure Wege gehn,
euch erst richtig finden, zueinander stehn.
Ist er dir treu fürs ganze Leben,
so hat seine Mutter ihr Bestes dir gegeben.
Du sollst so manches, was dich kränkte, ihr verzeihn,
auch du kannst einmal Schwiegermutter sein.

Eine gefährliche Pflanze

Es gibt Menschen, die können nie verzeihen,
sie schließen ihren Haß tief im Herzen ein.
Sie pflegen diese Pflanze, damit sie wohl gedeih
und ihre Samen in alle Winde streu.
Die Welt soll so erfahren,
wie gekränkt sie einmal waren.
So ein Mensch kann das sehr bieder tun
und endlich in sich selber ruhn.

Denk daran …

Schenk manchmal eine Stunde
einem Menschen, der sich einsam fühlt.
Denk daran, keiner ist so arm,
daß er nicht etwas geben kann.

Wehrfähig

Einmal war sie eine Nessel, eine taube,
sie war sehr friedlich, wie ich glaube.
Doch sie lebte auch gefährlich,
aber klüger wurde sie indessen,
nachdem man sie fast aufgefressen.
Um weiteren Gefahren zu entgehn,
mußte sie auf Abwehr stehn.
So kam es wie ihr heute seht,
daß sie mit vielen kleinen Stacheln übersät,
sich zu schützen stets bereit,
als Brennessel überall gedeiht.
Auch die Rose, der Blumen Königin,
kann nicht ohne Dornen blühn.
Der Igel ist bekanntlich auch sehr friedlich,
und wir finden ihn recht niedlich.
Auch er muß sich der Feinde wehren,
kann die Stacheln nicht entbehren.
Der Mensch, er schuf sich das Gewehr,
- doch nütze er es nicht zum Angriff,
nur zur WEHR!

Lehrer Lothar

Lothar war ein kluger Junge,
seine Eltern konnten hoffen,
ihm steht die Welt noch offen.
Leicht schafft er die Klassenstufen,
fühlt zum Lehrer sich berufen.
Er lernte fleißig, war nie müßig,
nun aber ist er überflüssig.
Ist alles, was er kann, verloren,
weil zu wenig Kinder sind geboren?
Festgestellt hat die Statistik,
schuld sei nur der Pillenknick.
Lothar lernt von neuem, er schult um.
Wird er gebraucht nach dem Studium?
Schon jetzt sagt der Statistiker,
die Kinder werden wieder mehr.
Man zeugt sie jetzt in der Retorte.
Ja, findet man denn da noch Worte?
Lehrer braucht man später dann,
ob Lothar so lang warten kann?

Unsere teuren Volksvertreter

Wir haben ihn zum Volksvertreter gewählt
und zahlen einst sein Ruhegeld.
Doch wird er dann Minister oder Präsidente,
so wird das keine kleine Rente.
Ist der Herr nicht mehr im Amt,
also schon im Ruhestand,
und, das kommt auch mal vor,
zum Unglück seine Frau verlor
und wird er dann noch einmal frein,
weils nicht gut ist, wenn allein,
ob in Gesellschaft ob daheim,
ohne Weibchen auszukommen.
So wird eine junge Frau genommen,
die soll ihn noch einmal beglücken,
auch massieren seinen Rücken.
Mit ihm länger in dem Bettchen bleiben
und auch da Gymnastik treiben.
Mancher von den großen Herren,
ich brauchs nicht näher hier erklären,
hat seine erste Frau, die treue,
ausgetauscht für eine neue.
Wenn einer vom Betagtsein nicht mehr weit -
ist ungefähr. berechenbar die Zeit,
in der er Abschied nimmt von hinnen.
Was er an Ruhegeld bekommt binnen
dieser Zeit von seiner Rentenkasse,
je nachdem er versichert war in seiner Kasse.
Stand er in des Staates höchstem Dienste,
wird er geehrt für die Verdienste,
die er geleistet seinem Volke.
Da gibts Butter, nicht nur Molke.

Wenn man bedenkt, daß ein solcher nochmal liebt
und die Butter weitergibt,
wenn er wie jeder andre stirbt,
ist klar, daß uns das teuer wird.
Denn jetzt kommt das dicke Ende,
die junge Frau hat offne Hände,
in die noch reichlich weiterfließen,
jahrelang die braunen Riesen.
Es zahlt dann an dieser Pension
des Volkes nächste Generation.

Laufbahn

Elternhaus, Heimatbahnhof.
Geleise laufen noch parallel.
Ausfahrt frei!
Kindergarten, Schule.
Weichenstellung!
Signal rot!
Freie Fahrt, aber welche Strecke ist frei?
In ein liebliches Tal,
durch ödes Land?
Am steilen Fels entlang,
über feste Brücken?
Wie lange dauert die Fahrt?
Ausrangiert? Abstellgleis?
Keiner weiß wo sein Zielbahnhof ist.

Blackout

Hat ein Kleiner,
so wie unsereiner
ein Gesetz mal nicht beacht,
so schützt ihn das vor Strafe nicht,
wenn er sagt, daß wußte ich nicht.
Hat ein Großer was versaut,
dann wars bei ihm nur ein Blackout.

Das verlorene Absatzstück

Auf ihm lag eine schwere Last,
man hat es einem Damenschuh verpaßt.
Es war geknetet und gewalkt bei jedem Tritt,
so löst es sich, das macht es einfach nicht mehr mit.
Wär es am Absatz dran geblieben,
dann wärs vielleicht schon aufgerieben.
Jetzt liegt es weiterhin im Dreck,
allerdings ganz ohne Sinn und Zweck.

Vielleicht

„Vielleicht", da steht so vieles offen,
oft ein Bangen, stilles Hoffen.
Viel ist damit nicht versprochen,
leicht ist es gesagt.
Vielleicht, du hast es selber schon gesprochen,
wenn ein neuer Morgen tagt.
Vielleicht kommt er zu dir zurück
und wird dich heute küssen.
Du hoffst herbei das große Glück,
vielleicht wirst du auch warten müssen.

Ehrlich

Wenn ich ehrlich bin...aber ehrlich!...naa, ehrlich?
So hört man es fast bei jedem dritten Satz.
Dies ehrlich Lied, es pfeift's vom Dach schon jeder Spatz.
Weil heute kaum einer noch dem andern glaubt, muß er es stets bekräftigen.

Einst war es von den Wertbegriffen
und wog schon auf der Waage.
Heut abgenützt und abgeschliffen,
gebraucht für jede Lage.
„Ehrlich", unserer Sprache golden Wort
für Charakterbild, sowie Vertrauen,
gar leichtsinnig wirft man es fort.
Wer kann darauf noch bauen?

Das Brot

Längst vergessen ist die Not,
als ihr die Mutter habt gebeten um ein Stücklein Brot.
Heute könnt ihr euren Kindern nicht mehr lehren,
auch die Scheibe Brot zu ehren.
Wer schwelgt im Überfluß,
meint, daß er nicht mehr beten muß.

Gib uns unser täglich Brot!

Computerzeit

Gut dran ist in der Tat
der, der einen hat.
Ihn fragt man, was im Hause oder Stall
geschehen muß auf jeden Fall.
Selber braucht man nicht mehr denken,
da alles die Computer lenken.
Weiß Vater ein paar Daten nicht mehr,
was tut er, er fragt halt den Computer.
Die Mutter auch, wieviel braucht sie zum Kuchen Butter?
Kein Problem, auch das weiß der Computer.
Was diesem Ding wird eingegeben,
er behält es eben.
Ob immer voll sind unsere Kassen,
ja da muß auch der Computer passen.
Wär er ein solch Genie,
blieb uns die Zeit zur Philosophie.

Die Liebesgeschichte des „Schönen von Boskop" und der süßen kleinen Zuckerbirne

Im Garten, nah beim Zaun,
stand ein schöner Apfelbaum.
Außerhalb am Wegerand
hat' ein Birnbaum seinen Stand.
Er prangt' im Mai im weißen Kleide,
der Apfelbaum trug rosa Seide.
Dann kam eine hohe Zeit,
da streckten sie die Äste weit,
die schwer mit Frucht behangen.
Es spürt ein Apfel an dem Zweig
ein heimliches Verlangen.

Der Sommer, er war heiß und schön,
in den Bergen schmolzen Firne,
der Apfel konnte täglich sehn
die süße kleine Birne.
Sie kannten sich und wuchsen beide,
er in rotem Wams und sie im gelben Kleide.
Beim lauen Wind, beim Blätterfächeln,
sah er auch ihr scheues Lächeln.
Bei Regenschauer, Gewitterstürmen,
drängt es ihn sie zu beschirmen.
In einer Nacht, beim Mondenscheine,
war er ihr nah, er küßt die Kleine.
Doch am Tag, da war er stolz,
denn er wuchs auf edlem Holz
und von Adel war sein Name.
So blieb er auch bei seinem Stamme,
er ließ sich fallen dicht daran.
Das sah ein Kind, das nahm ihn dann,
es freute sich und aß ihn auf.
Der Birne End' nahm andren Lauf.
Sie fiel herab, rollt übern Hang
und blieb dann unten liegen.
Dort sah sie keincr jahrelang,
nur ein kleines Birnenbäumchen
tut sich im Winde wiegen.

Mode

Mannequins, die wie seelenlose Wesen
über den Laufsteg stelzen,
drapiert mit Textilien oder Pelzen,
die teils locker fallen, oder eng in der Fasson.
Man zeigt der Mode neueste Kreation.
Stoffe mit Blumenranken, zart wie Düfte,
Röcke aufgeschlitzt fast bis zur Hüfte.
Hüte, wahre Fantasiegebilde,
alles bringt die Modegilde.
Ob rot, gelb, blau, ob grün, der Farbton
wird bestimmt für die Saison.
So manches, was da heute noch ein Traum,
hängt schon auf dem Kirschenbaum,
kaum daß verstrichen ist ein Jahr,
um zu verscheuchen eine Vogelschar.
So geht es mit vielen Modesachen,
um neuen Träumen Platz zu machen.

Der Irrtum

Manchmal hat man so ein Mätzchen,
Gabi wünscht sich jetzt ein Kätzchen.
Auch die Moni ist dafür,
aufzunehmen so ein Tier.
So stimmt die Mutti auch mit ein,
doch ein Kater muß es sein.
Bald fand man ein Muttertier,
das da säugt der Jungen vier
mit seidenweichen Fellchen,
eingerollt zu bunten Bällchen.
Ja das, das soll es sein,
ganz sicher ist's ein Katerlein.
Noch eine Zeit sei ihm vergönnt,
bis es der Muttermilch entwöhnt,
dann frißt es aus dem Näpfchen.
Geht auch schön zum Töpfchen,
denn wohlerzogen, stubenrein,
muß ein junger Kater sein.
Nun kam der Tag, man holt es heim
das allerliebste Katerlein,
im völligen Vertrauen,
gar nicht näher nachzuschauen,
ob alles da, was in der Tat,
ein Kater da soeben hat.
Im weiteren Verlauf
sucht man einen Tierarzt auf,
daß dem Tier an nichts gebricht,
was künftigen Gedeih verspricht.
Auf freundliches „Herein" tritt man mit dem Kater ein.
Der Doktor, er sieht an das Tier.
Ein Kater? Da spricht nichts dafür.
Ein Kater ja und heißen tut er Jupiter.

Oh, liebe Frau, da schauns' mal her,
sie sollen sich doch überzeugen
und das Tierchen erst beäugen.
Hebt das Schwänzchen noch zum Spaß,
sehen Sie, da fehlt doch was.
Auch ist die Farbe nicht die rechte
wär das Tier von männlichem Geschlechte.
Ach Herr Doktor, ja das ist - das ist...?
Sie meinen, daß es eine Jupitina ist?
Nun, das wäre jetzt geklärt,
tun Sie was, damit sie sich doch nie vermehrt.

Eine anrüchige Sache

Es war im Jahre neunzehnhundertvier,
so erzählte die Mutter mir,
was sich in jenen Tagen
in Burghausen zugetragen.

Da es in der Altstadt öfters roch,
zog ein Herr die Nase hoch,
er baut ein Haus auf Bergeshöh
am Rand der Stadt, mit Blick zum See.
Schaller-Villa ward's genannt,
ringsherum war Bauernland.
Der Professor vom Gymnasium
gedachte sich hier auszuruhn.
Umgeben von blühenden Wiesen,
würde er deren Düfte genießen.
Der Besitzer der Wiese, ein Bauersmann,
schickte dorthin seinen Knecht sodann
mit einem Faß brauner Brühe,
damit die Wiese auch blühe.
Der Knecht, er lenkte die Pferde dorthin,
den Wagen mit dem Faß über die Wiese zu ziehn.
Am offenen Fenster der Professor saß
und genüßlich seinen Kuchen aß.
Da zogen durch die Lüfte
entsetzlich stinkende Düfte.
Der Herr Professor war empört...
Ja das ist ja unerhört!
Er rannte hinaus wutentbrannt,
er schrie und hob die Hand.
Der Knecht, er machte ein dummes Gesicht
und tat so, als begriffe er nicht.
I ko di net vasteh, da muaß i naha kemma.
Muaß i löschn, tuats leicht brenna?
Er machte kehrt, kam näher an das Haus
und weiter lief die Brühe aus.
Der Professor war noch wütender,
inzwischen war das Faß auch leer.

Nadeln

Der Kompaßnadel ist zu eigen,
stets den Norden anzuzeigen.
Die Nadel mit dem Edelstein steckt man zur Zierde,
ward ein Orden doch verliehen, zeigt sie des Trägers Würde.
Tannennadeln beim Anblick uns beglücken,
solang sie grün den Baum noch schmücken.
Sind die Nadeln dürr und trocken,
geraten unversehends in die Socken,
stechen dann in deine Zehen,
ist das grad nicht angenehm.
Stecknadeln haben oftmals bunte Köpfe,
mit Haarnadeln steckt man fest die Frauenzöpfe.
Reißt ein Knopf aus, welche Pein,
setz zur Not die Sicherheitsnadel ein.
Die Reißnadel führt mit sichrer Hand
der Architekt, wenn er was plant.
Der Polsterer soll nähen ohne Tadel,
schlimm wärs, vergäße im Polster er die Nadel.
Die Spicknadel dient zum Spicken feiner Braten,
mit Speck sollen sie besonders gut geraten.
Wird ein großes Fest gegeben, dann bitte sehr,
hefte die Nadel mit dem Festzeichen ans Revers.
Die Nadel an der Spritze dient zur Injektion,
sie gehört nur in die Hand berufener Person.
Nadeln, lange, kurze, dicke, dünne und gebogen,
wenn der Faden durch das Öhr gezogen,
kann man Kleider nähen oder flicken
und auch schöne Bilder sticken,
mit der Häkelnadel feinem Häkchen
fertigt man gar schöne Deckchen.
Mit Stricknadeln und viel Geschick
entsteht so manches Kleidungsstück.

Schaut aus der Socke fürwitzig eine Zehe,
ist's gut man hat Garn und Stopfnadel in der Nähe.
Dies zu der Nadel Lob und Preise,
vergiß sie nie auf deiner Reise.
Geht ein Stich mal in den Finger,
wenn man gebraucht die spitzen Dinger,
hat man sie meistens ungeschickt
sich selber in das Fleisch gedrückt.
Die Kleidung gilt als nicht leger,
wenn Nadelstreifen trägt der Herr.
Die Nadel im Heuhaufen sucht man vergebens,
sicher hätte man zu tun zeitlebens.

Der Aussteiger

Zum Teufel mit Moral und Idealen
und mit den Gewissensqualen.
Oft sind es doch nur die Fassaden,
Schablongesichter für Paraden.
So mancher auch im Pfuhle wühlt,
wenn er dabei den Hunger stillt.

Abseits

Da ist ein Mensch,
er hat nie die Sterne gesehn,
er wuchs in der Gosse auf
und er kann nicht von ihr gehn.
Er sitzt in der rauchigen Spelunke,
im düsteren schummrigen Licht
und ist schon wieder betrunken,
was anderes kennt er nicht.
Er zählt nicht seine Jahre,
er fühlt nur, wenn er friert.
Legt man ihn einst auf die Bahre,
diese kein letzter Blumenstrauß ziert.

Der Traum vom Glück

Sie fragte, bist du glücklich?
und er sagte ja.
Da lächelte sie und wußte kaum,
was mit ihr geschah.
Sie war so jung und es war wie ein Traum.
Als sie erwachte, da war sie allein
und sie hatte geglaubt, auch glücklich zu sein.

Eine Nacht im Krankenhaus

Fünfzig Meter Korridor, den ich durchschreite
weil der Schlaf mich flieht.
Blumen stehen an der Seite
und ich finde, daß es zieht.
Hinter Türen, grau mit Nummern,
ausgestrahlt vom Neonlicht,
sollen jetzt die Menschen schlummern,
aber viele tun es nicht.
Sie weinen lautlos in die Kissen,
weil ihr Leib vom Schmerz gequält.
Eine andre möchte wissen,
wenn morgen die Entscheidung fällt,
werde ich auch ganz gesunden,
wenn die Operation geschehen,
wenn verheilt sind alle Wunden,
kann ich dann auch wieder gehen?
Im Zimmer 101 da weint ein Kind,
weil ihm die Mutter fehlt.
Um das Haus, da heult der Wind,
vom nahen Hof ein Hund jetzt bellt.
Ich wandere noch immer,
obwohl ich müde bin
vorbei an meinem Zimmer,
möchte dem Schmerz entfliehn.
Langsam nähert sich der Morgen.
Für die Schwester ist's die letzte Stunde,
die Kranken zu versorgen
macht sie noch einmal die Runde.
Vor dem Fenster bleib' ich stehn,
nun werde ich doch zu Bette gehn.
Die Straßenlampen löschen aus,
der Tagesdienst ist bald im Haus.

Kalla

Du verträumst die Tage hinter Glas,
ohne Makel ist dein Blatt
von zartem Grün, es glänzet seidenmatt.
Du bist gepflegt, bei dir steht nie ein Hälmchen Gras.
Deine Blüte ist ein Kelch, aus dem doch keiner trinkt,
kein bunter Schmetterling sie küßt,
keiner Biene sie zum Nektar winkt.
Du wartest und verblühst.

Sterbender Schmetterling

Du zartes Geschöpf, Gaukler in den Lüften,
oft berauscht von den Blumendüften,
liegst auf dem Stein so hart und kahl,
auch dein Ende wird zur Qual.
Deine Flügel sind so kraftlos, zittern, beben,
nie mehr können sie dich in die Lüfte heben.
So möcht ich dich nicht sterben lassen,
doch wag ich nicht dich anzufassen.
Eine Blume leg ich dir zur Seite,
die welkend dich ins Nichts begleite.

Der Fluß

Hoch oben bei den Wolken,
aus dem Firn geboren.
Frei entsprungen aus der dunklen Enge,
dieser eiskalten.
Hüpfend, springend, murmelnd
im Licht der Sonne sich entfalten.
Über den Felsen rollen so manchen losen Stein,
in dem Tanz, dem tollen,
aufzugehen in dem Sein.
Mit anderen Wassern sich vereinen,
sich in die dunkle Tiefe stürzen
in die Schlucht.
Eingeengt in diesen Zwängen,
schleifend, bohrend weiterdrängen,
durch der Felsenwände Flucht.
Sich in das weite Tal ergießen,
das Mondlicht auf den eiligen Wellen.
Sich um einen Hügel krümmen,
Fischlein sich dazugesellen,
die silbrig in den Wassern schwimmen.
Eingebettet in den Wiesen,
fließen, drängen ohne Ruh.
Mit andern Flüssen im Verbande
weiterwandern durch die Lande,
mächtig nun als Strom
dem weitentfernten Meere zu.
Beendet ist der Lauf,
im großen Meer löst er sich auf
und ist doch nicht verloren,
vom ewigen Firn stets neu geboren.

Weihnachten 1987
Russisches Roulette

Strahlender Weihnachtsteller.
Eßt davon, so sterbt ihr schneller.
Reicht die Teller rund herum,
in einem ist das Cäsium.

Die Motte war's

Ein Apfel auf dem Misthaufen
diskutierte mit Leidgenossen seiner Art,
daß der Baum, von dem sie kamen, Schuld sei,
daß der Wurm in ihnen nagt.

Der Wurm in ihrem Herzen hörte das,
aber er war wie das schlechte Gewissen,
er verhielt sich still.

Er würde den Apfel bald verlassen,
sich verpuppen und als Apfelstecher
zum Baum zurückkehren und noch
viele Äpfel verderben.

Nicht der Baum war schlecht,
die Motte war's.

Razonamiento
Überlegung

Bayrisch is mei Muaddasprach.
Deutsch war in da Schui a wichtigs Fach.
Wenn ma no a paar Brockn vo a fremdn Sprach ko,
nacha kimmt ma bei dö Leit no vui bessa o.
Zum Beispui, wenn a Politika bei an Wortgefecht
a bisserl wos in Latein einiflecht.
Is dös a oft a ganz oida Schnee,
bei dö Leit is der Mo dann o.k.
A weng a Amore is a oft ganz guat,
nimmst an Sombrero, bringst vui untern Huat.
Razonamiento hoaßts, wenn mas guat übalegt,
eh ma an Mund aufmacht ois z'erst übadenkt.
Z'erst übalegn, eh ma wos schreibt,
denn wos g'schriebn is, dös bleibt.
Wirds a no druckt, nacha gheast scho dö Leit
und dös is oft grad a hoibate Freid.
Nehmas di o, oda wirds a Verriß?
Dös woaß ma hoid vorher a net ganz gwiß.

’s Wachsstöckl

Mei Godn hat mir a Wachsstöckl geb’n,
dös war wia a Büachl und gar so vui schön.
Hat mas aufgmacht, war drin a Kindl so hold,
im Handerl hats g’haltn a Kreuzerl wia Gold.
G’legn is auf Windln, auf Blümerl und Gras,
dös war ois so schö und ois war aus Wachs.
Dö Trudl, dö tappt mit’n Finga dann nei,
’s Kreuzerl war ab und i tua an Schrei
und hab g’woant.
Da hat d’Muatta mi tröst,
sie hat g’moant
is net not, daß da gar a so schreist,
dös Kindl, dös kloa, dös braucht no koa Kreuz.
Sie nimmt dös Büachl dös wachsern, machts zua
und dann war wieder a Ruah.
Auf dem Wachsstückl
war mit goldne Buachstabn no gschriebn:
Zum Andenken!
Sechzg Jahr is dös her,
’s Wachsstöckl hab i nimmer, aber’s Drandenkn is bliebn.

Die Trösterin

Wia i kloa war, da war mei Muatta so groß.
I hab mei Schamerl hing'stellt, bin kraxlt auf ihrn Schoß,
sie hat mi g'herzt und hat g'lacht.
Hab i Zehen aufg'steßn, oder mei Knia dös hat bluat,
auf da Muatta ihrn Schoß wars bald wieda guat.

D'Muatta is kleana worn und i war dann groß.
Da hab i a g'legt mein Kopf auf ihrn Schoß,
wenn mir gar so arg schwar war
und i hab g'moant mei Herz daß es bluat.
D'Muatta hat mi tröst und dös war so guat.

Ihre Händ', dö ham g'streichelt
so sacht und so lind.
Bei da Muatta, da bleibst hat allweil dös Kind.

Haslnuß

I war a Dirndl mit acht oda neun Joahr
und war auf da Pirsch nach Haslnuß, a poar
wenn i habn kennt, derfat a Hand voi a sei
und wos da net Plotz had, tat i ins Schürzntaschl nei.
Wia i am Zaun steh, bei da Haslnußstaudn,
da sich i a Oachkatzl, mei liab zum Oschaun.
'’s is dagseßn, sein Schwoaf üban Kopf wia a Dach
und had Haslnuß gfreßn, dös Viechal dös gschmach.
Was a Oachkatzl tuat, dös is do net g'stoihn,
da gangs do net drauf zamm, tat i mia a no oa hoin.
Im Zaun is a Luckn, mei dös is a Glück,
da schliaf i iatz durchi, i bin ja net dick.
Kam hab i denkt, da steig a ei.
I hoff er dawischt mi net, da geizige Bräu,
eahm g'hert ja da Gartn.
Da steht hinta mir a riesiga Schattn...
Du Lausdirndl, du mistigs, mechst Haslnuß stehln!
Dös hab i woin, kos gar net vahehln.
Da bin i zruck, hab mi duckt, hab mi druckt,
nacha bin i hinta da Keglboh geseßn
und war so gern a Oachkatzl g'wesn.

’s Osternest

Lang is her, i war no net zehn
und hab fest an Osterhas glaubt.
Daß is richti vazäi, es is Karwocha gwen,
wo da Osterhas schaut, ob Kinda a Nest ham baut.
I hob mein Plotz gwußt, in an hoihn Bam,
net weit weg, beim Nachbarn sein Zaun.
I habs neamad varratn,
dö soin selba suachn, groß gnua is da Gartn.
I hab gwußt, wo dö schönstn Moospoista san,
bin hoamli davo und habs eini in Bam.
Aba oans had mi druckt, hat mi standi dann plagt,
obs da Osterhas findt? So hab i d’ Muadda dann gfragt.
Sie had gsagt: Warts nur grad ab, bis daß da Ostadag is,
daß er dir wos einilegt, dös glaub i ganz gwiß.
Da Osterdog is kemma, zwoa Oa warn im Nest.
I habs a glei hoamtrogn, für mi wars a Fest.
Aba nacha, da triff i dö Dirndln vom Bräu, dö ham vazäit,
si ham koa Nest baut, grad a Schüssl higstellt.
Da warn Sachn drin, i häds boid net glaubt,
rode Oa, Zuckaoa, Schokalad, ohne daß a Nest ham baut.
Da hab i auf amoi so a merkwürdigs Gfui,
dö Kinda vom Bräu, warum kriagn dö so vui?
Bei uns dahoam, wo ma e kam wos ham,
warum tuat da Ostahas bei dö arma Leit sparn.
Da sag i zu da Muadda, du dös is do net recht.
Mei Dirndl’ sagt sie, den Ostahas den gibts gar net echt.
A ’s Christkindl, so frag i, is dös grad aso?
Ja hads gseufzt, da griagst hoit a dös was i dir gebn ko.
Mit dö Augn volla Wassa hab i d’Muadda ogschaut
und hab nia mehr a Ostanest baut.

Poimsunda – Palmsonntag

Da Jakerl derf dös erstemoi den Poimbusch trogn.
Vasam di net in Kirch, heat er no d'Muatta sogn.
Sigst da drent da gengan scho dö Kirchaleit,
dummet di, 's is höchste Zeit!
Da Jakerl lauft mitm Buschn, den gestern no auf d'Nacht,
d'Muadda hod aus Poimkatzl und Sengbam gmacht.
A groaßa Buschn is, mit scheene Bandl dro,
drum steht si in a Kirch da Jakerl ganz vorn o,
damit ma a sein Buschn siagt
und er dö meiste Weih abgriagt.
Nach da Kirch trifft er den Lenz,
der had an Buschn, a koan kloan.
Der had wos guat, dem zoi is hoam.
Den Lenz, den wer i iatz vadreschn,
dö Weih vom Buschn is vageßn.
Scho hauns aufanander ei
's is a richtige Rauferei
und so san zu guata Letzt,
dö gweihtn Buschn arg zafetzt.
Dasi schleichan sie iatzt hoam,
mitn Rest von dem, was sie no ham.
Da Jakerl stellt den sein in d'Flötz
und is recht stad, eahm is ganz lötz.
D'Muadda sichts und greint, o mei, o mei,
werd da no was vo da Weih dro sei?
Sie nimmt was da is, nimma vui,
fürn Herrgottswinkl, d'Felder und fürn Stoi.
Mit'm Buschstecka in da Hand,
had da Vata dem Jakerl no dö Hosn gspannt.

Da Maßkruag

Da Maßkruag stammt aus Kefaloh.
Jetzt steht er da und träumt davo,
wia er früher stets war g'füllt,
wenn da Brauer seinen Durst hat g'stillt.

Ob a Sud is richtig worn,
die Würze stimmt, obs guat vergorn,
da Brauer hat vom erstn Faß
den Kruag dann g'füllt zur Probemaß.

Der hat vor Lust dann überg'schäumt,
ja dös is von dem er träumt.
Jetzt steht er da, ganz lar, alloa.
Den Brauer deckt a schwara Stoa.

Da Schnack!

Ins Bett bin i ganga, aba mit'n schlafa wars nix,
a Schnack is mir dauernd um d'Nasn rum ssist sss.
Bin eine in Batschn und rumg'hatscht ums Bett,
den Schnack woit i jagn, aba g'sehn hab i ihn net.
I leg mi wieda hi, mei dös bringt mi zum Rasn,
der Schnack tanzt ma scho wieda um d'Nasn.
Aus'n Bett bin i g'sprunga,
hab d'Fliegnpatschn g'numma,
suach dös ganze Zimmer dann a,
aba da Schnack war hoit wieda net da.
Geh wieda ins Bett, hab mi unta da Deckn vakrocha.
I schlaf dann a ei, werd wach scho um drei,
da Schnack hat mi in d' Nasn neig'stocha.

Heutzutag

Wenn ich achzehn bin, wird da Führaschein g'macht.
Dös Fahrn hab i glei los, dös war scho g'lacht.
An Wogn, den kannt ma mei Opa kaufa,
der is ja scho oid, ko sei Gäid net vasaufa,
sagt da Paul zu da Gisa. A Wogn muaß scho her,
host so an Flitza, nacha bist a scho wer.
So kommt zum Opa da Pauli iazt oft,
weil er sich dös Gäid für a Auto erhofft.
Mei Opa, i mecht dir so gern heit was soagn,
i wissat a Auto, war günstig zum Hoabn.
Dös war hoid schö, kannt i den Woagn iatzt scho griagn.
Gibst ma du's Gäid, i fahr di spaziern.
Da Opa is guat und macht eahm dö Freid.
Da Bua had iatzt 's Auto, für'n Opa koa Zeit.
Da oid Mo sitzt weita dahoam alle Dog,
werd an Buam nix passiern, is iatza sei Kloag.

s' Dirndlgwand

A Dirndlgwand hab i griagt,
wia i s Laufa hab o'gfanga.
Mit'n Dirndl bin i in d'Schui dann a ganga.
Mit'n Dirndl, da is ma so propa beinand,
drum wars a spata mei allaliabsts Gwand.
Wenn i g'storm bin, soids ma a Dirndl oziagn.
I mecht damit zum Himmi hifliagn.
Sicht mi da Petrus, dann woaß a bestimmt,
dös is wida oane, dö vo Bayern raufkimmt.
In weißblaun Himmi, da mecht i gern nei
und a dort a echte Bayerin sei.

Der Familienausflug

Meist wenn d'Huabaleit zum Ausflug startn,
tuat dö Oma Kinda wartn.
Heit fliagns aba alle aus,
grad da Hofhund, der bleibt z'Haus.
So rüahrt si allerhand
bis dö Kinda zammgricht sand.
D' Oma umananda schwirrt,
daß ja nix vageßn wird.
Vageßts dem Michal net sein Drachn,
'S Topferl für dö Kloa, dö ko ja sunst nix machn.
'S Milliflascherl und an Schnulla a dazua,
a Himbeerlimo mecht da Bua.
Endli sitzns hint im Woagn zu dritt,
da Teddybär muaß a no mit.
D' Muatta schaut an Vata o,
weils iatz endli los geh ko.
Host 's Gäid dabei, an Führaschei?
Da Tank is lar. Dö Kloa schlaft ei.
Da Michal mecht iatzt d Oma tratzn.
Sie sagt koa Wort auf seine Faxn.
Warum gibts den heit gar net o?
Sie is 's Fahrn net g'wöhnt, dös merkt ma scho.
Sie brummt iatz grad, i mecht mei Ruah
und laßt den Mund dann wieda zua.
Am Chiemsee drinn tuans Brotzeit macha,
d' Oma ko a da net lacha.
Warum bist du heit gar so stad,
g'fallt's da net? Geh sei net fad.
Sag, warum tuast a nix essn?
Ich mecht ja scho, aba i hob dö Zähn vageßn.

Tschernobyl

G'forchtn had si mei Urahnl
vorm Nachtgjoad, dem wuidn.
Had d'Fensta varammet,
dö Hexn abz'hoitn.
Hat d'Wedakirzn okennt
und glesn aus da Heiligenlegend.
Hat Kuah a wehs Euta ghabt,
war Bluat in da Mill,
so war g'wiß a Hexn im Spui.
Ham dö oidn Germanen si vorm Gott Donar no g'forchtn,
mei Urahnl si vor dö Hexn vakrochn,
so san mia aufklärt, mia glaubn dös nimma.
Was uns Angst macht, is schlimma.
Ja, es is koa bisserl gringa,
ma derf dö Milli a net trinka,
weils in da Nacht,
es hat net blitzt und hat net kracht,
ja ganz stad a Woikn hat herg'waht.
G'schwangert wars mit Cäsium und Jod,
dawischt ma z'vui davo, bedeit dös Krebs und Tod.
An Salat hat ma nimma derfn essn,
Küah koa Gras mehr fressn.
Kemma is mitn Regn,
ma ko's net riacha und net sehn.
In Tschernobyl, in Russland drent,
hat a Atomreaktor brennt.
Wos der an Strahlung aus hat g'spien,
da Wind hats unserm Land zuatriebn.
Aber weita bauns' dö Teifisdinga
und unsa Angst wird niamois gringa.

Die Zähn

Dö erstn Zähn, scho lang is her,
wias kemma san, wars a recht schwer.
Dö erstn zwoa, so denk i heut,
da hat si bloß mei Muatta gfreut.
Wias' kemma san dö zwoatn Zähn,
mei dös war aba a net schön.
Vor Schmerz bin i da oft aufg'wacht,
hab d'Muatta g'weckt dann in da Nacht.
Sie hat mir aufglegt an Kartofflbrei
und war's a in da Nacht um drei.
Allmählich is dann besser worn,
wia i dö Milchzähn ganz verlorn.
In Apfl hab i bißn, daß hat kracht.
Dö Zähn ham glanzt, wenn i hab g'lacht.
I sags a bei mein G'wissn,
oft hab i auf Zähn scho bißn,
wenn i liaba gfletscht hätt wia a Hund.
Do zuapreßt hab i fest mein Mund.
Vielleicht is dös a bessa gwen,
ma tuat si nacha leichta redn.
Tuat ma's Putzn net vergeßn,
dreimal am Tag, glei nachn Essn,
so hat ma ziemlich lang a Ruah.
Aber auf oamoi in da Fruah,
ma ko dös wirkli net versteh,
tuat a Zahn ganz sakrisch weh.
Ma ko glei nimma beißn drauf
und suacht darum an Zahnarzt auf.
Der flickt den Zahn dann für a Zeit.
Is schlimm und fehlt es scho recht weit,
dann hilft koa Bohrn und koa Plombiern,
er muaß den Zahn dann außaziagn.

Kimmts öfters vor, dann gibt es Luckn,
dö tuat da Zahnarzt überbruckn
mit Kunstzähn, dö wern herent und drent
an dö gsundn anig'hängt.
An dö Hakln, dös ko ma si denka,
da bleibt dö hoibert Mahlzeit hänga.
Ma ko beim Essn ganz im Stilln,
wia a Hamster Backn fülln.
Mit da Zeit, da fangen bei dö Hakl
a dö Zähn an zum Wackln.
So muaß dann leider und o Graus,
oa Zahn nach dem andern raus.
Es wird allmählich leer der Platz
und nei kriagt ma an Zahnersatz.
Dö tuan bekanntlich nimma weh,
do haltns net, is a net schö.
Haltns guat und sans a schöner,
so ko ma si a leicht dro g'wöhna.
Klopft da Tod amoi bei mir dann o,
dann tua is raus dö Zähn,
daß i ins Gras net beißn ko.
Dös is dann no mei letzte List,
vielleicht laßt er mir no a Frist
und warns a grad da Jahrl so zehn,
dann kannt ma wieda drüber redn,
bis i selber hab dann gnua
und mir wünsch dö ewig Ruah.

Ein Bauer gibt auf

Küah san furt, da Stoi is lar.
Fürs erste is ganz sonderbar,
es is iatz guat und do a schwar,
weils a Lebn lang do net anders war,
es hat si ois um d'Vicha draht.
Auf oamoi is iatz gar so stad.
A wengerl traurig seids woi scho,
schaugts den larn Stoi iatz o.
Was aba hat dö Arbat bracht,
wenns gwerklt habts bis in dö Nacht?
Dö Küah san schö, is Gück dabei,
steht's Gras a guat und habts gnuag Heu.
Do was dö Viecha sunst no bringa,
da könnts ihr manches Liadl singa.
Soid oane dann a Kaibi kriagn,
so muaß dö Kuah natürli stiern,
und, wia kunnts a anders sei,
grad an Sunda foits ihr ei.
Wenn dös Viech dann endli tragt,
daß ois guat geht is net g'sagt.
Brauchst an Tierarzt sakradi,
is hoibat Kaibi scho dahi.
's Gras eibringa, wenns größte Sauweda is,
da gibts koa Dabarma, ma muaß außi auf d'Wies.
An Hiagst, wanns scho reift, foit's Lab vo dö Bam,
dös letzte Graserl dös kratzt ma no zamm.
A d'Fakl kemman grad bei der Nacht.
Wia oft habts da im Stoi scho g'wacht.
A etla hot dann d'Sau datretn,
wer dös net woaß, der ko leicht redn.
Dö Eimer Fuada dös dann freßn,
wer denkt do dro beim Schweinernessen?

Iatz brauchts grad schaun, daß d'Henna gackern,
laßts dö andern abirackern.
Dö Mill für euch dann in da Fruah,
dö gibt vom Nachbarn a a Kuah.

Für den Fall

Mia ham a Demokratie
und es is guat, daß mas ham,
mia könnan wähln.
Bringt a Partei gnuag Kreizl zamm,
nacha derfas regiern.
Dö suachan na aus eahna Reih an richtign Mo,
der kimmt dann ois Minista dro.
An Minista sein Lohn, den nennt ma Diät,
da is koa Wunda, da wird koana fett.
Drum braucht er dazua an Aufsichtsratspostn,
so in da Wirtschaft, dö laßt si's was kostn.
Is er Finanzminista, also ganz wichtig,
war er in a Bank ois Aufsichtsrat richtig.
Ois Auffangnetz wars guat für den Fall,
daß er gehn müaßt nach da nachstn Wahl.

Kriegs- und Nachkriegszeit
D' Hoizweiber

G'habt hama a Loatawagl, dös is so a Ding
mit vier Radl und obn drauf a G'stell
aus zwoa Loatern, oane rechts, oane links.
A Deichsl vorn dro, da spannt ma si selber o,
daß ma dös, was ma aufg'ladn hat, a hoambringa ko.
Daß ma dahoam a warme Stubn ham,
san ma ums Hoiz in Woid außi g'fahrn.
Im Woid da san ma abi bis zu dö vier Lindn,
außi bis zum Himmireich, da war a no was z'findn.
Mia ham a, dös muaß i heit ehrli soagn,
manchmoi scho an dickn Bam g'schloagn.
Den hama zammgsaglt, untn ins Wagl neiglegt,
nacha schö mitn Klaubhoiz zuadeckt.
Mia ham uns g'schundn, dös hats aba a braucht,
sunst hätt dahoam da Kamin nimma g'raucht.
Da Woid hats dakraft, wos mia uns ham g'hoit.
Heit hoaz ma mit Öl, aber sterm tuat da Woid.

Datschizeit

Zweschbn brocka tuan mia heit
denn iatzt is ja dö Datschizeit.
Mia Frauen derfn untn bleibn,
da Mo, der muaß hoit aufisteign,
weil Bam ja net grad untn tragn
und dö schönstn Zweschbn obn san.
Auf oamoi is o Schreck, o Schreck,
da untre Teil da Loata weg.
Mitn obern in da Hand
is da Mo am Bodn g'landt.
Zum Glück hod eahm net gar vui g'feit,
do Zweschbn ham uns g'langt für heit.

Spätsommer

D'Luft ist so lau
und da Himmi so blau
wia seltn um dö Zeit.
D' Sunnstern leuchtn, es is grad a Freud.
D' Astern san so bunt und so schö,
da bleib i oft dö längste Zeit steh,
bei der Verschwendung, bei der Farb, bei der Pracht,
mit der mir da Gart'n dö Freud da no macht.
Auf oamoi foits mi so merkwürdi o,
daß dös nimma lang ohoitn ko.
Grad lusn tuats, ois is so stad,
koa Blattl rüahrt si, koa Lüfterl waht.
Es ziagt si was zamm,
Woikn steign auf hinta dö Bam.
D' Schwaiberl fieagn so nida heit,
für dö eahna Roas wirds a langsam Zeit.
Von da Oitstadt ko ma d'Turmuhr hern,
d' Fliagn san so bös, ma ko si kam no dawehrn.
D' Amsl dö suacht nach an Wurm,
da Radio meldt a scho Sturm.
A Birn foit iatzt aufs Pflaster nieder,
Morgn regnets halt wieder.

’s gelbe Wuidanterl

D’ Wuidantn drunt am Weiher
hat sechs junge Anterl.
Fünfe sehn da Muadda glei,
a ganserlgelbs is a dabei.
s’ is Hiagst und spat is dro dö letzte Bruat.
Dö Nachtn san scho koit, geht dös no guat?
Unta da Antnmuadda is da Plotz scho eng,
drum gibts a da a args Gedräng.
Vom gelbn Anterl schaut da Sterz no raus,
hoit dös Viecherl dös a aus?
Am nachstn Dog geh i durchs Gras,
i schau mi um, da liegt do was.
’s gelb Anterl is da tot und steif.
Dö Nacht war koit und z’fruah da Reif.

Da letzte Apfl

Wenn mia in da warma Stubn drin hocka,
denk i a ans Äpfibrocka.
Wia ma d' Loata aufgestellt ham
und g'sagt, drei Kist'n bring ma zamm.
G'nasslt hats, es hert net auf.
Geh Vata, steig da noch moi nauf,
schau den schönstn davo oin,
den kannst ma a no abahoin.
In Keller hama d'Äpfi to,
schö langsam g'essn na un na.
Heit kimmt a da letzte dro,
es ist vorbei, sei Zeit is um,
Foitn kriagt er umadum.
Weil man mitananda hoamghoit ham,
ess man a mitnanda zamm.

Novemberschnee

G'schniem hats in da Nacht,
da schauts grad naus!
Da Lukas rennt aus'n Haus
und macht an Schneeboin g'schwind.
Weil sei Freund iatzt a grad kimmt,
kriagt er den Boin a glei ins Gnack.
Der is net faul, kriagst a dein Pap.
Was er dawischt, dös kratzt er zamm,
vasteckt si aba hinterm Bam.
Schnell is verbei dös lustig Spui,
sie müaßn alle zwoa in d'Schui.
Der Vormittag will net vageh,
draußn schmilzt der erste Schnee.

D' Hausaufgab

Der Dominik, Niki nennen ihn dö Freund,
und a dö Inge von da Klass,
der sitzt bei seiner Schuiarbeit,
aba heit machts gar koan Spaß.
Da Rundfunk, der tuat grad berichtn,
im Gebirg sois tüchti schnein.
Er tat so gern dö Schi herrichtn,
aba er muaß dö Mathe schreibn.
Da Vata, der kimmt grad dazua
und hert den Seufzer wegn dö Schi.
Er sagt, mach d'Aufgab fertig Bua,
dös andre mach scho i.
I schau in da Garaschn nach,
mach ois a glei bereit,
tua d' Schi scho auf dös Woagndach,
dann sparn ma morgn Zeit.
D' Muadda richt dö Schidreß her,
's is d'Arbat für dö Frau
und dann gehts in da Früah glei los
zum Schifahrn in d'Flachau.

Klage einer Hausfrau

In da Nacht hats g'schneit.
Da Schneepfluag rattert d'Straßn runter.
Zum Aufstehn wars für mi iatz Zeit,
bin aba gar net richti munter.
Es muaß aba sei, dös Gesteigramma,
i tat so gern no weita trama
und dusl no a wengerl ei.
Auf oamoi reißts mi, um siebne muaß da Schnee weg sei.
Alle schabns und kehrns iatzt in da Fruah.
Da Dog schleicht auf, o Wintersruah.
Wenn ma firti is, stellt ma d'Schaufi nei ins Eck
und geht in d'Stubn zum warma, da had ma scho an Dreck.
Da Schneepfluag kimmt iatzt no amoi vorbei
und haut dö Hälfte wieda rei.
Da liegt da Schnee so naß und schwar,
wos ebn grad so sauba war.

Tauweda

Da Muadda is's zum Haar ausrauffa.
D'Mill is heit scho überglauffa,
weils gar so zuageht in da Stubn
und wißts dös warum?
Schuid is grad dös Weda,
moant da Hauser Peter.
Wia war iatz dös Weda schö,
g'schniem hads ghabt an Hauffa Schnee,
daß Kinda net dahoam bliebn san,
den ganzn Dog sans Schlittn g'fahrn.
Auf oamoi is da Regn kemma,
da kannt ma glei mitn Himmi flenna.
Da ganze Schnee, der is z'lauffa.
Kinda, sagt da Vata in da Fruah,
gebts do iatz a weng a Ruah,
da Regn hat a sei guate Seitn,
d'Wöhr is no net voi bei weitn.
Bei dem Regn, da werds boid voilauffa,
werds koit, gehts Eisstockschiaßn 's Schlittschuahlauffa.
Hab aba dabei a so a G'fui,
bis soweit is, habts wieda Schui.

Im Fruahjahr

Endlich is dös Fruahjahr da,
dem Winter woant koa Mensch mehr na.
Im Gartn, glei hinter da Stiagn,
tuat a Bluemerl scho blüahn.
D' Muadda, dö stöbert's ganze Haus,
hoits koana bei ihr drinn mehr aus.
Sie tuat si so um d'Sauberkeit müahn,
sieht's Bluemerl im Gartn net blüahn.
In da Sunn liegn draußn dö Katz und da Hund,
da Vata putzt's Auto fast scho drei Stund.
Er wechslt dö Reifn, muaß vor sein Auto a knian
und sieht in seim Gartn dös Bluemerl net blüahn.
Da Bua, der bleibt dahoam a net sitzn,
tuat mit dö Roischuah d'Straß abiflitzn.
Im Gartn, im windstadn Fleckerl,
sitzt da Opa im Eckerl,
denn er hat iatzt Zeit,
hat am Blüemerl sei Freid.

Vom Sparn

Du Wally, laß mi net vagessn,
sagt da Huaba Hans beim Mittagessen,
i muaß morgn bei da Bank nachfragn,
wia's Gäid den meistn Zins ko tragn.
Dös Joahr war guat, sagt er und lacht,
mia ham scho was auf d'Seitn bracht.
Da Hansi, eahna kloana Bua,
sitzt dabei und heat da zua.
Weil vom Sparn öfters is dö Red scho gwen,
mecht er mitn Vata darüber redn.
Voi Eifer is er scho dabei,
was is a Zins? fragt da Hansi glei.
Ja, sagt da Vata, dös is a so,
ma tragt sei Goid zu da Bank und legts dort o.
Nach an Joahr legt Bank was zua,
dös nennt man Zins, mei liaba Bua.
Beim Hansi schpringt da Knopf glei auf
und kam er denkt, sagt er scho drauf,
da kannt i a mei Spoarbüchs z'schloagn
und mei Gäid da Bank hitroagn.
Ja, sagt da Vata, recht host Bua
und legt eahm no an Zwanzger zua.
D' Muadda lacht und freit si dro,
schafft a neie Spoarbüchs o
und sagt glei drauf, mei liaba Mo,
i leg a mei Schmugäid o.
Dö Bank, dö macht morgn auf um neine,
Gei Hansi, da gehn mia drei ois erste eine.

An Hias sei scheene Leich

Da Hias, a oida Knecht im letztn Häusl vo Grafbruck,
der loahnt si ganz behagli zruck,
a Zigarnschachtl auf dö Knia.
Er tuat da raus a Wertpapier
und no a Schachterl Gäid in Hart.
Dös had er si scho zammag'spart.
Vazicht auf manche Hoibe Bier,
dem Bräu, dem bringt er sei Gäid nia.
Standi stockt er's Gerstl auf
und freit hoamli fast scho drauf,
was dös für a scheene Leich werd gebn.
Grad schod, daß er's net werd dalebn.
Auf oamoi hats an Hias higstreckt.
Sie ham'n in a Grab neiglegt,
ganz hintn bei da Friedhofmauer.
Da wo dö kloan Leut liegn, da findst koan Bauern.
A paar Vataunser ham d'Leit bet,
es war koa lange Leichnred,
aba iatzt heat ma den Pfarra sagn,
da Hias, der tuat zur Kremeß loadn,
si derfn auf sei Ablebn saufa.
Da san d'Leit zum Wirt hi glaufa,
vier Dog hams gsuffa, Bratwürst gfreßn,
an Hias sei Leich werns nia vageßn.

Die Kunst

Ferienzeit, mei dös is a G'fui
für'n Hansi, er geht ja erst a Joahr in d'Schui.
Lang schlafn had er derffa und iatzt geht er
zu seim Freind, dem Mittermeier Peter.
D' Sunn scheint net, zum Badn is heit a koa Weda.
Was machma na? fragt er den Peter!
Iatzt sans scho in da Mautnerstraß,
mia gehn zur Wöhr, da findt si wos.
Weils an Burgberg ausghoizt ham,
geht mitm Kraxln a nix zamm.
In da Burg drobn auf da Mauer,
sitzt a Spezi auf da Lauer.
Er hat dö Zwoa längst kemma sehng
und sie kemman eahm grad g'legn.
Vor eahm, wos sois auf dera Welt,
hams ganz wos Bsunders da aufgstellt.
Da kemman d'Leit und schaun dös o,
schüttln an Kopf und gehn davo.
Dö andern sagn, dös war a Kunst.
Wos dös bedeit? Er had koan Dunst.
Er lockt dö Freind iatzt mit an Pfiff.
Kam sans da, da fragt er scho,
ob oana dös dakraxln ko.
Da Hansi moant, so ohne Ast und ohne Griff,
A Fuchzgerl kriegst, muaßt net umsunst,
wennst aufi kamst, mei dös war a Kunst.

Hiagstmillsuppn – Herbstmilchsuppe

A Hiagstmillsuppn, dö war g'sund
und i sag euch a den Grund.
Es war dö Mill vo gsunde Küah,
dö hat ma zammgschütt in an Hoafa, drei Wocha oda vier.
Nacha hat ma in da Fruah a poar Schöpfa außa do
und a Suppn kocht davo.
A etla Löffi Rahm dann no dazua,
dös war Bauernsuppn in da Fruah.
So warn si's g'wohnt seit eh und jeh,
heit mögns liaba an Kaffee.
A ganz a schlaue Goaß,
dös is net wichtig' wia si hoaßt,
dö is bei ihran Grasn
auf oamoi auf dö Hiagstmill g'stoßn.
A Soppa Letra hats draus gmacht,
aba dös Rezept net gnau beacht.
Stattn Rahm hats Deifeswurz dawischt
und dös ois guat zammag'mischt.
Dö wo dö Suppn essn, hams no net entdeckt,
weil mas so glei net außaschmeckt.
Achzehn Löffi voi davo san drinn
un no kimmts neamad in den Sinn.
Dös Gwürz war aufghobn vier Joahrzehnt.
Koan hats auf da Zung no brennt.
Wenn da Goaß ihra Schwiegamuatta tat no lebn,
dö müßat sie glei übagebn
und kam sunst no arg in Not,
do si is scho zwanzg Joahr tot.
Da Goaß ihr Bock hats Feuer g'schürt,
damit dö Goaß vageßn wird,
wos er ihr had so oft an do,
sei Graserl g'fressn anderswo.

Iatzt hat ihr Treu da oide Bock vasprocha,
diweil dö Goaß tuat Safterl kocha.
Dö Beerl, dö san ja iatzt scho zeitig.
Da Bock vagnügt si anderweitig.
Aus an Bock da wird hoid nia a Ochs,
scho der Vergleich is paradox.
Wär dö Goaß a dann zufrieden,
wenn bei ihr im Bett a Ochs tat liegen?

Net aus da Haut fahrn

Wenn oana dir a Unrecht tuat,
da mechst vor Zorn und in da Wuat
am liabstn glei zaspringa.
Wos nutzad dös, wenns die dann zreißt?
da andre grinst grad durch d' Finger,
wenn neamd mehr da is, der a beißt.

Zum Jahreswechsel

Seit gestern is es da, dös neue Jahr.
Wirds besser als dös alte war,
denkt d'Rosl, tuat si selm zuaprostn.
Sie mecht ja heut den Wein verkostn,
den ihr da Bruada g'schickt,
mit guate Wünsch für G'sundheit und vui Glück.
Alle tuans dös gleiche schreibn,
sie soll recht froh und glücklich sein,
als ob ma dös alloa scho kannt.
Sie nimmt jede Kartn jetzt in d'Hand,
oamoi im Jahr, da schreibn's weils so da Brauch,
dann is wieda stad, verwaht as wia da Rauch.
Aber's Reserl, dö hat mir öfter g'schriebn,
wo is dö Post denn heuer bliebn?
Dö hat si do no nia verspat,
dös is gar net nach ihrer Art.
Da hab i mi no allweil g'freut,
sie hat mir g'schriebn so manche Neuigkeit
von dahoam.
Sie hat mi nia vergeßn,
in da Schulbank is sie nebn mir g'seßn.
Wir ham damals schon zammag'haltn
und d' Freundschaft a bis heut dahaltn.
Ihrn Mann hats a verlorn, scho vor an Jahr
und daß net gar alloa so war,
is bei da Tochter scho a Zeit.
Sie san recht guat, dö junga Leut,
da ko sie sich a nutzbar macha,
's tuat in da Wiagn an Enkerl lacha.
Im letztn Briaf, da schreibts davo,
daß's Dirnderl iatzt scho sitzn ko.

Dö Rosl sinnt, dö Zeit verrinnt.
Heut kannt vielleicht a Post da sei
und d'Rosl schaut ins Kastl nei.
Iatzt zittern ihr dö Händ,
es wird do net am End dö Resl —
A Briaf is mit an schwarzn Rand
und g'schriebn a von a fremdn Hand.
Sie ging von uns für immer!

Drum schreibts nimmer.

Nachwort

Ich kam oft nach Schwarzenstein, früher schon, wenn ich einige Tage Urlaub hatte, da war die Tante froh, wenn ich die angehäufte Flickarbeit wieder aufarbeitete. Auch als Anna eingeheiratet hatte. Immer war ich gern gesehen, weil ich überall zugriff, denn auf einem Bauernhof konnte man niemand brauchen, der die Hände in den Schoß legte. So war es während des Krieges und auch später. Mit Anna verstand ich mich gut und ich fuhr nie mit leeren Händen nach Hause. Da zur damaligen Zeit in Schwarzenstein keine Erntemaschinen standen, so habe ich auch mit Anna das Korn mit der Sichel geklaubt und zu Garben gebunden. Für mich war der Steinerhof doch immer noch ein bißchen Zuhause aus meiner Kinderzeit. In meiner Küche steht heute noch ein Strauß aus Weizen und Hafer, die ich gepflückt habe bevor mein Bruder die Grundstücke verkauft hat, Annas Töchter taten das nicht.

Ende der siebziger Jahre äußerten sie den Wunsch, ich sollte aufschreiben, wie die Wieser-Wimschneider zueinander verwandt sind. Das war eine Gelegenheit, es gründlich zu machen. Erst schrieb ich mit der Hand nur in Notizen, nie saß ich an der Schreibmaschine, aber es wurde immer mehr, ich verschob es Jahre, endlich, 1981, ging ich ans Werk. Es ging langsam voran, weil ich mich sehr oft vertippte.

Ich begann mit den Großeltern, die beide am 27. April 1837 geboren waren und daß meine Großmutter 800 Gulden in die Ehe brachte und daß damit ein Waldgrundstück im Hochholz bei Triftern erworben wurde. Die Großeltern rodeten es und bauten ein Haus darauf. Die Ziegel dazu hat der Großvater selbst gebrannt. Acht Kinder wurden in diesem Haus geboren, und sie waren nicht halb verhungert, wie Anna in „Herbstmilch" schreibt. Das Hüftleiden ist in der Wieser-Familie, und auch Annas gutgenährte Tochter hat schon mit 40 Jahren eine Hüftoperation. Die Kinder vom Wieser in Hochholz mußten schon als Dreizehnjährige zu den

Bauern in Dienst. So erzählte meine Mutter, daß ihren Jahrlohn, wenn dieser an Lichtmeß vom Bauern ausbezahlt wurde, ihre Eltern bekamen, weil man in Hochholz das Geld dringend brauchte. Mit Sparsamkeit und Fleiß wurde ein Gütl geschaffen, so nannte man früher ein kleines Anwesen. Nach Großvaters Tod übernahm es der Onkel Albert, er verkaufte 1912 und erwarb den Steinerhof in Schwarzenstein. Auch hier wurde wieder gespart und gerackert, so daß 1939 mein Bruder Albert den Hof ohne Schulden übernehmen konnte.

Mein Vater stammte auch aus einer Gütlerfamilie im Rottal, verlor schon als Vierjähriger seine Mutter und kam, als er neun Jahre alt war, zu einem Bauern als Hütbub, als Zwanzigjähriger lernte er in Passau das Brauerhandwerk.

Durch meine Niederschrift wollte ich den Töchtern von Anna Wimschneider kundtun, wie mühevoll zwei Generationen das Vermögen erworben haben, das ihnen durch den Verkauf der Grundstücke des Steinerhofes in Schwarzenstein zufiel.

Ich schrieb, wie ich Anna kennenlernte, wie sie und Albert geheiratet haben, wie er an die Front mußte, seine schwere Verwundung. Was Anna leisten mußte und was ich wenn ich in Schwarzenstein war, alles gesehen und erlebt habe. Die Kriegs- und Nachkriegszeit habe ich für Annas Kinder festhalten wollen. Bei einem Gespräch mit Albert und Anna sagte ich, daß ich in den Bericht auch unsere Kinderzeit einfügen werde. Da sagte der Albert, die Anna soll auch ihre Kindheitserlebnisse aufschreiben. Sie soll sich nur hinsetzen, im Winter hat sie Zeit. Und dann noch den Nachsatz, da könnte man vielleicht was daraus machen. Da Anna oft klagte, sie könne kaum noch eine Nähnadel einfädeln wegen ihrer schlechten Augen, dann das Asthmaleiden, dachte ich, es wird sehr schwer für sie sein. Ich sagte aber dann doch, es wäre gut, wenn meine Familiengeschichte auf diese Weise vollständig würde für die Kinder aus dem Steinerhof. Ich schrieb gerne, es wurden 35 Seiten, und dann stickte ich auf Naturleinen Weizenähren und nannte es die „Saat". Ich fertigte schöne Mappen an, legte den Ehering der alten Steinermutter, meiner Großmutter, der noch die Form eines Siegelringes hat, bei und schickte das den Töchtern von Anna. In eine Mappe legte ich das „Kleine Ukraine Buch", das mein Bruder Fritz in den Kriegsjahren geschrieben hat. Er hat es mir bei seinem letzten Russlandurlaub geschenkt. Die Bücher kamen nie zur Auslieferung, weil sie im Bombenkrieg im Bruckman-Verlag in München verbrannten. Ich dachte, da bleibt er in der Familie in Erinnerung. Wie sehr man sich täuschen kann!

Wir waren immer gut miteinander ausgekommen, bis die zweite Tochter von Albert den Münchner Augenarzt heiratete, da stellte Albert die Forderung an mich, ich sollte nun das Erbteil, das Mutter ihnen für seine Töchter versprochen habe, auszahlen, seine Töchter erwarten das. Ich wäre gut beraten es zu tun. Eine deutliche Sprache, 15 Jahre nach Mutters Tod. Sie erwarteten also von der Kleinrentnerin, der so geschmähten Mutter bzw. Schwiegermutter, auch noch Geld. Mutter hat 12 Jahre bei mir gewohnt und nur dadurch konnte sie sich 1500 Mark ersparen. Ich kaufte auf ihren Wunsch dem Albert eine Armbanduhr und den Grabstein für ihr Grab. Noch vor zwei Jahren, nachdem schon längst die Tantiemen für „Herbstmilch" flossen, schrieb mir der Albert, ich hätte anders disponiert, wo ist das Geld? Ich brach alle Beziehungen ab, so etwas tut weh.

Annas ungekünstelte, mal poetische Sprache, so schreibt der Verlag, liest sich für mich nicht gerade zimperlich, wenn sie sich der Worte bedient: „Die Schwiegermutter hatte ein Nervenleiden und da zuckte die Zunge aus dem Mund wie bei einer Schlange." Ein andermal lese ich: „Die Schwiegermutter nahm nach dem Tod ihrer Schwester mit, was sie tragen konnte, sie, die Anna, hätte das so notwendig für Kinderkleidchen gebraucht." Ich nähte doch damals für Annas Töchterlein Latzhosen, die ich auf dem Lande zweckmäßiger fand. Mutter gab mir dazu einen grauen Leinensack und mit Resten von buntem Schürzenstoff sah das ganz gut aus. Auch eine schwere Wollstrickjacke, die Mutter von ihrer Schwester mitbrachte, habe ich auf deren Wunsch für Anna zu einem Trachtenjäckchen umgestrickt. Warum also diese Bosheiten. Das geblümte Kleid, das sowohl im Buch als auch im Film erwähnt wird, habe auch ich genäht und zwar war der Stoff ganz legal mit einer Kleiderkarte und Reichsmark bezahlt. Ich habe denselben Stoff auch gekauft. Albert war dabei.

Warum der schlimme Satz, ihre Schwiegermutter habe gesagt, „du sollst verreckn müßn, wennst das Kind kriegst". Vierzig Jahre später hat die Anna zu mir gesagt, dem Albert wäre es lieber gewesen, wenn sie im Krankenhaus gestorben wäre. Er wollte sie gar nicht mehr nach Hause holen. Wie kann sie sagen, auch sie hätte die Schwiegermutter in das Haus genommen, denn die Rente von Mutter hätte bei weitem nicht gereicht für einen Platz in einem Altenheim. Auf diesem Hof hätte Mutter nicht einmal ein heizbares Zimmer gehabt und das kontra dieser beiden Frauen. Da wäre Mutter sicher keine 93 Jahre alt geworden. Als Mutter 1955 zu mir gezogen ist, hat Albert Mutters Hausrat mit dem Traktor abgeholt. Diese Möbel stehen heute abgebeizt in den Wohnungen der Töchter Annas in München.

Mutter hat bei mir nie über Anna geschimpft, im Gegenteil, sie hat sich gefreut, wenn Anna und Albert sie besuchten. Es wundert mich gerade, wenn ich auf dem Bildschirm sehe, daß Anna eine Brosche auf ihrem Kleid trägt, die sie bei einem solchen Besuch von Mutter bekam. Sie hat bei einem solchen Anlaß gar keine Skrupel, über die Schwiegermutter loszuziehen.

Es ist vielleicht einmalig, daß eine Frau, die den lieben Gott so gerne im Munde führt, schon fast 50 Jahre mit diesem Haß leben kann, am Sonntag in der Kirche die Worte mitleiert: „Vergib uns unsere Schuld, wie auch wir vergeben unseren Schuldigern...."

Die Medien überbieten sich fast im Eifer, das Opfer, das ihnen Anna mit Hilfe ihres Mannes vorgelegt, in den Dreck zu ziehen: „Eiskalte", „katholisch - bigott" und „Teufelsbraten" sind nur einige Auszüge aus den vielen Zeitungsausschnitten.

In dem Haus, in welchem Mutter 27 Jahre gewohnt hat, fand im Jahre 1947 über Mutters Wohnung auch eine sechsköpfige Flüchtlingsfamilie in zwei kleinen Räumen Unterkunft. So waren sie sieben Jahre in engster Nachbarschaft. Diese Frau ist heute noch voll des Lobes, wie viel Verständnis sie bei Frau Wimschneider gefunden haben. Auch für diese Kinder war sie die Großmutter. Die schon 73jährige durfte ihren eigenen Enkeln, Annas Kindern, nur soweit Großmutter sein, als man von ihr, der Kleinrentnerin, ein Erbteil erwartete. Vor kurzem wurde ich gefragt, warum Mutters Witwenrente so gering war. Vater war einmal selbständig und hat da keine Sozialversicherung bezahlt. Den eigenen Betrieb mußte er aufgeben, weil er eine Bürgschaft geleistet hat. Den Rest des Vermögens verschlang die Inflation.

Vertriebene und Geschädigte des letzten Krieges bitte ich um Verständnis für den Titel meines Buches. Es ist aus der Perspektive eines zehnjährigen Mädchens geschrieben und soll auch aufzeigen, wie ich nach Schwarzenstein kam. Dort will man das vergessen.

In dem Film „Herbstmilch" wird der Eindruck erweckt, als wäre die Mutter bis 1944 in Schwarzenstein gewesen. Sie kam dorthin, weil sich die Tante den Fuß gebrochen hatte, um den Haushalt zu machen und die Schweine zu füttern. Auch später war sie mit Unterbrechungen dort. Als Albert 1941 in Surheim bei Reichenhall stationiert war, besuchte er Mutter und mich in Burghausen zu Weihnachten. Schon 1942 war Mutter wieder ganz nach Hause zurückgekehrt. Als Albert schwer verwundet in der Poliklinik in München war und diese bei einem Bombenangriff getroffen wurde, war Alberts erste Flucht zur Mutter nach Burghausen. Seine Mutter hat für ihn gedarbt als er klein war und in den Kriegsjahren um ihn gebangt, genau so wie um ihren Ältesten. Wie kann Anna schreiben, der Schwiegermutter wäre es lieber gewesen, wenn der Albert gefallen wäre.

Wenn ich daran denke, daß ich in der von mir geschriebenen Familiengeschichte „Die Saat" das Leitwort verwendete

> **Die Ahnen!**
> Sie waren arm und ehrlich, bewohnten nie ein Schloß.
> Ihr Blut war warm und rot, längst ruhn sie in der Erde Schoß.
> Keiner stand im hellen Licht, nur ihr kennt ihre Namen,
> vergeßt sie nicht! Amen.

so ist das gerade grotesk, wenn man jetzt die alten Leute auf der Filmleinwand lächerlich macht um Geld zu verdienen, nachdem man schon vorher deren Lebenswerk zu Geld gemacht hat und deren Grabstätte längst aufgelassen wurde. Sie sind ihnen keiner würdigen Erinnerung wert. Albert und Anna treffen sich nur noch an Annas Elterngrab mit ihren Geschwistern.

Ich habe lange gebraucht, um für die Kinder von Anna Wimschneider das Leben ihrer Vorfahren, die Verwandtschaftsgrade und was ich vom Steinerhof über 40 Jahre hinweg wußte, zu schreiben. Ich muß wohl an dem Hochzeitstag von Albert und Anna taub gewesen sein, weil ich mich nicht erinnern kann an den zynischen Ausspruch, den die Schwiegermutter getan haben soll. Da mein Bruder Fritz zu diesem Tag nicht gekommen ist um das Hochzeitsfoto zu machen, schimpften Anna und Albert noch Jahrzehnte über ihn, daß dieser keinen Familiensinn gehabt habe. Der Name dieses Bruders von mir steht auf dem Neuöttinger Kriegerdenkmal. Der Name von Albert auf dem Kinoplakat für den Film, in dem man unsere Mutter verhöhnt.

Anna schaffte es in 14 Tagen(?) ihre Geschichte zu schreiben. Tief erschüttert war ich, wenn sie mir von ihrer

Kindheit erzählte, aber heute nach dem kommerziellen Erfolg wird der Schmerz schon gelindert sein. Eine höhere Fügung brachte noch den Ausgleich.

Ich füge selber Zeile an Zeile und niemand wird es für ein Buch aufbereiten, wie die Aufzeichnungen dieser Bäuerin zu einem vielgekauften Buch verarbeitet wurden. Da mein Einspruch gegen Annas Äußerungen in „Herbstmilch" auf taube Ohren stößt, bin ich gezwungen, auf diese für mich sehr teuere Weise an die Öffentlichkeit zu gehen. Ich tue das meiner toten Mutter zuliebe.

So nützte ich die Gelegenheit, einen Lebensabschnitt meiner Eltern und meine Kinderzeit in **„Aus dem Nest vertrieben"** und meine Verserl oder gereimten Geschichten,

„Blumen und Disteln"

in einem Buch zusammenzufassen. Ohne den Anlaß wären diese in der Schublade geblieben. Vielleicht kann mancher Leser nachdenken oder auch mal schmunzeln. Es ist Erlebtes, Beobachtungen und Träumereien. Und auch worüber ich mir Gedanken mache.

Von meinem Bruder Fritz, der seit 1944 in Rumänien vermißt ist, füge ich auch noch einige Gedichte bei, die er als Soldat in Frankreich geschrieben hat.

Die geräumige Stadt

Verlassene Straßen im Mittagslicht,
die Häuser treten hinter ihre Schatten,
aus Kellerlöchern huschen ein paar Ratten
Fäulnis witternd im verdorbenen Gericht.

Erloschene Fenster blicken ohne Regung
aus Räumen, die von jeglichem verlassen sind.
Durch Korridore weht ein lauer Wind
und bringt Gardinen leise in Bewegung.

Ein alter Mann setzt sich zum Sterben nieder,
zwei Posten ziehen langsam ihre Runden
und zählen wie im Traume nur die Stunden,
in einer Straße brennt es heute wieder.

Durch blinde Kirchenfenster fällt ein Strahl
und täuscht ein Leben auf das steinerne Gesicht,
das Zeiten wägt nach ewigem Gewicht.
Die Uhr im Turm, sie schlägt zum zwölften Mal.

Frankreich, Charleville 1940

Erbeutete Geschütze

Verstummt stehn sie in langen Reihen,
sie werden nicht mehr Feuer speihen.
Steil ein blindes Rohr auftragt,
keinem mehr den Tod ansagt.

Rost legt sich auf Schloß und Lauf.
Die Wunde hört zu schmerzen auf.
Die Toten sind ins Grab gelegt.
Neue Frucht die Erde trägt.

Place du Tertre

Dieser Platz ist, wie er war, geblieben,
doch sein Geheimstes offenbart sich denen,
die seine halbverfallnen Häuser lieben
und die sich tastend in die Zeiten wähnen,

da ein Wanderer sich dort niederließ
und Bilder malte und ins Fenster hing,
ein Musikant in die Trompete blies,
und ein Mädchen in die Mühle tanzen ging.

Die Straßen und die Häuser sind die gleichen,
doch andere Menschen an der Theke stehn
und nur geheimen Ohren wird ein Zeichen.
Auch dieser Klang, er wird im Wind verwehn.

Trauriger Nachmittag

Der Himmel wölbt sich bleich und kalt,
in Dächern klaffen offne Wunden.
Tore bröckeln verfallen und alt.
Ein Zeiger träumt von Morgenstunden.

Vor einem Laden warten Frauen,
Greise feilschen mit der Not.
Aus runden Augen Kinder schauen,
eine Mutter teilt das Brot.

Die blasse Kleine sieht verwirrt
Soldaten auf den Plätzen stehn.
Ein leiser Klang hat sich verirrt
von Drähten, die im Winde wehn.

Träumerein im Lapin A Gill

Die Lampe spendet milden Schein,
Bilder an den Wänden,
ein Ring an schönen Händen,
das Glas gefüllt mit Wein.

Du liest die alten Namen
und fühlst das Heute nicht.
Die Zeit hat kein Gewicht
für die, die vor dir kamen.

In dunkler Ecke blüht die Liebe,
im Schatten dämmert ein Gesicht.
Ein Dichter fremde Worte spricht,
die goldne Harfe spielt zur Liebe.

Die Nacht will sich zum Tage wenden.
Dein Wachen ist ein Träumen
wie unter alten Bäumen.
Menschen plötzlich Beifall spenden.

Die alte Taschenuhr!

In der Stube ist es angenehm warm und ich habe einen Karton mit Andenken hervorgeholt.

Ein Gebetbuch aus meiner Kinderzeit und Mutters Rosenkranz, den sie in ihren alten Tagen so oft durch ihre Finger gleiten ließ, um für die zu beten, die schon diese Welt verlassen haben. Für ihren Mann, unseren Vater und für ihren Sohn, der vom letzten großen Krieg nicht mehr nach Hause kam.

Mutters Hände, die müde geworden sind von der vielen Arbeit, sie waren geschmückt mit dem abgegriffenen Rosenkranz.

Jetzt nehme ich Vaters Taschenuhr heraus. Schwer ist sie und sie liegt in einem Gehäuse aus Nikel. Das Fenster auf der Oberseite des Gehäuses ist schon blind und man kann das Zifferblatt nicht mehr genau sehen. Das Gehäuse lege ich beiseite, kühl und still liegt die alte Uhr in meiner Hand. Ob sie noch gehen wird? Vorsichtig drehe ich an der Kronenschraube. Ja sie tickt, Vaters Uhr.

Dann öffne ich die Rückseite, um das Werk zu sehen. Der Anker bewegt sich, tick,tick. Die alte Taschenuhr, Vater trug sie an einer grobgliedrigen Nikelkette, seine Werktagsuhr.

Er sah auf sie, wenn eine Sud Bier fertig war, wenn die Pumpen laufen mußten. Er brauchte sie nicht, um einen Achtstundentag zu beenden, es waren oft zwölf und mehr.

Ein halbes Leben lang zeigte sie dem Vater die Stunden an, die guten und die schlechten.

Und auch seine letzte. Da lag sie auf dem Nachttisch neben seinem Bett. Die Uhr sie tickt, es ist nicht wichtig, daß sie die genaue Zeit zeigt, dafür habe ich eine Quarzuhr.

Vaters Uhr erzählt von vergangener Zeit.

Martina Erhardt, geb. am 8. Februar 1913 in Oberammergau als Tochter der Braumeisterseheleute Andreas und Martina Wimschneider.
Eingeschult am 3. Mai 1919 in Adlkofen bei Landshut.
Wegen Schließung der Brauerei und der damals herrschenden Inflation sind die Eltern in Not geraten, und so kamen mein Bruder Albert und ich zu Verwandten nach Schwarzenstein bei Pfarrkirchen.
Vom Oktober 1923 bis 31. März 1926 habe ich die Volksschule in Nöham besucht.
Nach der Schulentlassung in verschiedenen Haushalten tätig.
Seit meiner Verheiratung 1940 Hausfrau.

Ich. Du. Wir.
Menschen im Geflecht ihrer Beziehungen.

Gedichte und Gedanken
von Kristiane Allert-Wybranietz.

Poetische Texte zu entscheidenden
Lebensfragen, klare Spiegelbilder
unserer Wirklichkeit.

DU SPRICHST
VON NÄHE
Verschenk-Texte
84 Seiten

*

DEM LEBEN
AUF DER SPUR
Verschenk-Texte
96 Seiten

ABSEITS
DER EITELKEITEN
Poetische Texte
96 Seiten

*

WIR SELBST SIND
DER PREIS
Poetische Texte
112 Seiten

DER GANZE
HIMMEL STEHT UNS
ZUR VERFÜGUNG
Verschenk-Texte
96 Seiten

Wilhelm Heyne Verlag München